AF453964

DISCOURS SOMMAIRE
SUR
LA CREATION
DE LA
COMPAGNIE DES CENT

GARDES SVISSES ORDINAIRES DU CORPS DV ROY; DE SES OFFICIERS, DES TEMPS, DE SES augmentations qui ont este faites de ses derniers, ainsi que de leurs Soldes, Habits, & des Logements; Diverses Remarques de differentes choses curieuses, & qui regardent la Nation; Quelques Statuts touchant le Service, & la Police; Marches de la susdite Compagnie, Ceremonies annuelles où il y a partie d'icelle, les Guets & Escoüades qui la comprennent toute; Estat fait en 1641. de ceux qui ont droit de manger aux tables de Sa Majesté, avec Liste des Personnages envoyez Ambassadeurs vers les Seigneurs des Cantons & leurs Alliez; Les noms de quelques Ministres Secretaires d'Estat, Officiers és Conseils du Roy & de Iudicature qui ont signé des Patentes, Declarations & Arrests favorables aux Suisses, & d'aucuns des familles aux Ligues affectionncé à la France, avec lesquels on a conservé correspondance, une Lettre instructive de la Garde Suisse de S.A.R. de Savoye, les Objections & Remonstrances au sujet de quelques Reglemens surpris contre eux sur des pretensions d'aucuns Officiers d'autres Corps, pour instruire les nouveaux venus des trois Nations, Escossois, François, & Suisses, Gardes de la Personne de Sa Majesté, & une Recapitulation de tous les Officiers desdits Cent Suisses.

De FRANS ZWILLING dit BESSON L. EDELMAN, Herkomen von stevis in der hoch gelopt Eydtgnoschafft, orth vndt statt Friburg, Burger daselbst, gevvesst, Commissaire des Guerres pour le Roy en Allemagne, à la residence de la Ville Imperiale de Vvormbs sur le Rhin, jusques à la Paix & Evacuation des Places de l'Empire de l'an 1650. ancien Capitaine Enseigne, Doyen des Officiers, & l'un des Treize Privilegiez des susdits Cent Suisses de la Garde ordinaire du Corps de Sa Majesté, Veteran, &c.

Cette impression tirée en partie de la seconde du Livre intitulé *Entretien sur la Creation de la mesme Compagnie desdits Cent Suisses*, plus correcte que les precedentes.

Troisiéme Impression.

A PARIS,

Chez JACQUES LANGLOIS, fils, ruë Galande, proche la Place-Maubert, à l'Image Saint Jacques. M. DC. LXXVI.

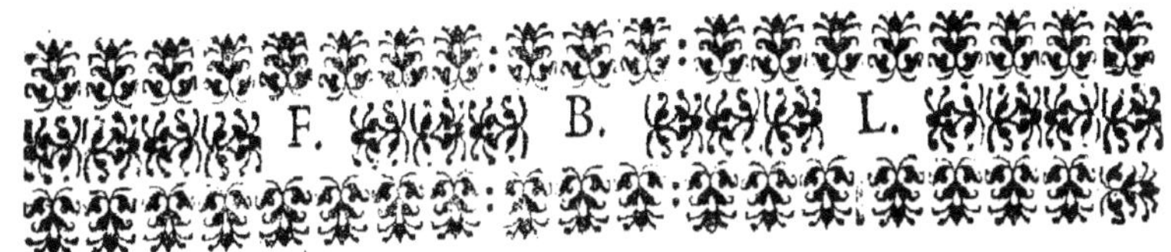

DISCOURS SOMMAIRE

SUR LA CREATION ET L'INFORMATION de la Compagnie des Cent Suisses de la Garde ordinaire du Corps du Roy, des temps des augmentations du nombre des Officiers d'icelle, & fait par le Sieur Besson l'aisné, Escuyer, l'un d'iceux, jadis survivantié de la Charge de Statthalter de pere en fils, dans le Service, leur dernier Capitaine Enseigne, Doyen desdits Officiers dés l'an 1663. & Veteran en 1665. sur divers Memoires, Manuscrits, Arrests, Certificats, Rolles, Estats, Extraits, Patentes & Provisions.

CHAPITRE PREMIER.

CONCERNANT LES OFFICIERS
de la Compagnie des Cent Gardes Suisses ordinaires du Corps du Roy, de leurs creations, &c.

HARLES VII. a esté le premier qui a fait amitié perpetuelle avec la Nation Helvetique, par Acte datté de la quatriéme Ferie de Pasques de l'an 1453.

Alors il n'y avoit que huit Cantons, que l'on appelle encore à present les Huit anciens Cantons.

Il n'estoit & ne fut point fait mention d'autres Troupes que de de quelques avanturiers volontaires de ladite Nation, qui ſervoient la France en Allemagne vers le Rhin.

En 1463. Loüis XI. ſuccéda à Charles VII. ſon pere, confirma ladite amitié és années 1470. & 1474. le Roy & les Suiſſes n'aimant point le Duc de Bourgogne, ains le craignant, firent de plus eſtroites Alliançes & conventions contre le Duc, en cas de guerre.

En 1481. le meſme Loüis donna des Lettres en faveur de tous les Suiſſes mariez & habituez en ſon Royaume, à ſes gages & ſolde, & qui s'y viendroient marier & habituer, & pour joüir des exemptions de Tailles, Aydes, &c. pour les y attirer, & ce en conſideration de leurs grands ſecours & ſervices faits à la France. Voyez leſdites Lettres : Dont il y eut des Suiſſes en France pour recevoir ſes Lettres, dont la Famille des Zvvilling dit Beſſon du Canton de Frybourg, encore aujourd'huy ſervans actuellement le Roy, eſt gardienne. C'eſtoit la Compagnie des cent Suiſſes que ledit Seigneur Roy Loüis XI. avoit fait habiller *verſo coloris*, couleur de l'arc-en-ciel, ainſi qu'elle paroiſt ſous les Livrées de Sa Majeſté, & par rapport à l'Alliance de la France avec la Suiſſe : Ces choſes ſont du temps, & fait de Loüis XI. de ſon Regne le 21. Peu de temps aprés il mourut : il n'euſt de ſon vivant pour Commandans deſdits cent Suiſſes (s'il eſt vray qu'il y en euſt) autres que le Lieutenant Suiſſe, l'Enſeigne, le Statthalter, & les deux Quartiers-Meſtres, dits Fourriers de la Nation.

En 1483. Charles VIII. vint à la Couronne, & le 27. Fevrier 1496. de ſon Regne le 14. eſtant à Lyon crea un Capitaine François de Nation ſur leſdits cent Suiſſes. Liſez les Proviſions deſdits jours & an, dans leſquelles il eſt ainſi remarqué entr'autres choſes : CHARLES, &c. Salut, comme pour conduire, gouverner & faire ſervir les Cent hommes de guerre Suiſſe, leſquels, puis n'agueres : (*Nota*, qu'il n'eſt pas dit avons ordonné eſtre levez,) mais avons ordonné avoir & entretenir allentour de Nous pour la garde de noſtre Perſonne, &c. ſoit beſoin ordonner & eſtablir quelque bon & notable perſonnage experimenté, &c. Sçavoir faiſons, &c. Loüis de Menton Eſcuyer ſieur de Lornay pour Capitaine Sur-Intendant, &c.

QVESTIONS.

SI la Compagnie des cent Suiſſes n'eſtoit pas ſur pied en l'an 1481. où a-t-elle eſté levée, & ſi d'abord elle fut habillée comme elle eſt maintenant *verſo coloris*, & par qui levée.

Si les Cantons n'ont pas donné & nommé les Officiers & Soldats.

S'ils n'en ont pas reſpondu aux Rois, la ſolution de ſes deux dernieres queſtions eſt; Ouy, &c.

Si à la creation de la Compagnie les Lieutenant, Enſeigne & Statthalter portoient des baſtons, non plus que les autres Officiers dans les autres Corps & Compagnie des Gardes Eſcoſſois & François du Corps.

Si d'un reſte de Troupes de Suiſſes, ou d'un Corps on n'en a pas tiré & creé la Garde deſdits cent Suiſſes.

S'ils ne ſervoient pas en Corps dans les Armées comme les autres Compagnies de leur Nation, meſme du temps de Louis XI. quoy qu'ils portaſſent la livrée;
F

S'ils la portoient & avoient l'habit découpé & taillé par bandes de ſon temps, &c.

S'ils eſtoient desja Gardes du Corps. Cette queſtion eſt faite à cauſe qu'il ſemble en liſant les Proviſions du ſieur de Menton pour Capitaine François des cent Suiſſes, données par Charles VIII. dont eſt cy-devant parlé, qu'ils n'ont eſté faits Gardes du Corps ordinaires, que ſous ce dernier Roy là.

Aparamment la Compagnie eſtoit faite auparavant la creation dudit ſieur de Menton pour Capitaine; ce que l'on peut en inferer faiſant lecture de ſes Proviſions, deſquelles l'adreſſe eſt à Meſſieurs les Mareſchaux de France pour recevoir ſon ſerment.

Depuis il y a eu pareille adreſſe au Conneſtable & Grand Maiſtre de France, pour recevoir le ſerment des Capitaines des cent Suiſſes, entr'autres d'un Henry Robert de la Marck, pour ſervir de Capitaine par Commiſſion, au lieu & place du Duc de Bouïllon ſon pere, détenu priſonnier de guerre par les ennemis de l'Eſtat; Ce que Meſſieurs les Capitaines des Gardes Eſcoſſois & François du Corps, & autres grands Officiers de la Maiſon avoient de commun avec les Capitaines des cent Suiſſes.

Depuis la mort d'Henry IV. & l'abolition de la Charge de Conneſtable de France que l'on a penſé faire renaiſtre ſous le nom de Mareſchal General des Mareſchaux, en la perſonne du feu illuſtre Henry de la Tour Vicomte de Turenne, que les grandes Charges de la Maiſon du Roy n'ont plus preſté ſer-

A iij

ment qu'entre les mains de Sa Majesté, un genou en terre present un Secretaire d'Estat qui lit le Serment, & le fait dire mot à mot par cœur à haute voix à ceux qui le prestent.

CHAPITRE II.

LISTE DES OFFICIERS DE LA COMPAGNIE des Cent Suisses, depuis sa creation, de l'une & l'autre Nation ; premierement des Rois sous lesquels ils ont eu l'honneur de servir ensuite, & au costé d'iceux Messieurs les Capitaines Colonels, & aprés les autres.

Bois.
Le 27. Fevrier
1406. à Lyon
sous Charles
VIII. devint,

Capitaine Louys de Menton Escuyer sieur de Lornay, aux gages de douze cens livres par an.

On tient que le premier de la Maison de la Marck qui a esté Capitaine des Cent, c'est Guillaume de la Mark enterré à Sainte Maure prés Fontenay en Poictou, avec cette inscription autour de sa Tombe. *Cy gist* Messire Guillaume de la Marck, *en son vivant Chevalier de l'Ordre, Conseiller, Chambellan ordinaire du Roy nostre Sire, & Capitaine des Cent Suisses de la Garde, Seigneur d'Aigremont, Montbazon, Sainte Maure & Nonastre, lequel deceda le* 20. May 1516. *Priez Dieu pour son ame.*

En 1498. Loüis
XI. vint à la
Couronne.

Robert de la Marck, surnommé le Diable d'Ardenne pour sa diligence & ses faits d'Armes. *Nota*, qu'à cause de sa reputation, tous les aisnez de sa Maison ont depuis ajoûté à leurs noms, si-tost qu'ils sont devenus aisnez, celuy de Robert ; on croit qu'il a esté fait prisonnier de guerre, neantmoins sans certitude. Il mourut en 1552.

Henry de la Marck, fils de Robert General des Lansquenets sous Louys XII. à la Bataille donnée à deux milles de Novare en Italie (freres de Iean de la Marck Seigneur de Iamets) fait Mareschal de

En mil cinq
cens quinze,
François pre-
mier.

France, dit de Florange, du nom d'une Terre eschangée ou donnée depuis à l'Empereur Charles Quint du temps de François I. Roy de France.

En mil cinq
cens quaran-
te-sept. Henry
second.

Henry Robert de la Marck qui changea sa Religion Catholique Apostolique & Romaine en mil cinq cens . . . . . pour se faire Huguenot, avoit la Commission de commander la Compagnie des cent Suisses pendant la prison d'Henry Robert son pere.

On asseure qu'il y a eu un Guillaume Robert Capitaine des cent

Suisses, qu'à iceluy ou à un autre de cette Maison on avoit fait le procez. François second en 1559.

Pour une affaire avec un Evesque de Liege il y a eu quelque chose de cette nature-là.

Il y a eu des freres & nepveux qui ont succedé à la Charge de Capitaine des cent Suisses, ainsi elle n'a pas toûjours esté de pere en fils, de frere à frere, & d'oncle à nepveu. En 1561. Charles IX. qui donna la commission de commander les cent Suisses à

Charles Robert Comte de la Marck, de Braine, & de Montlevrié, Duc de Boüillon, à cause que Henry Robert cy-dessus s'étoit fait Calviniste. Notez que ce Charles Robert a vescu 80. ans, & est mort en 1625. Doyen des Chevaliers du S. Esprit, & qu'vn de ses fils nommé le Marquis de Mosny a esté Capitaine des Gardes François du Corps, aussi fait Chevalier des Ordres, du vivant de son pere, chose extraordinaire.

En Avril 1573. Henry III. Roy de France & de Pologne donna entierement la Compagnie des cent Suisses à Charles Comte de Montlevrié, qu'il consideroit, & auquel en 1580. il escrivit en faveur du sieur de Pardaillan pour le recevoir Lieutenant François des cent Suisses, au lieu du nommé d'Estiveau.

Le premier d'Aoust 1589. Henry IV. surnommé le Grand, Roy de France & de Navarre, donna la survivance de la Charge de Capitaine des cent Suisses à Henry Robert de la Marck son fillo, fils de Charles Robert cy-dessus, aussi Comte de la Marck & de Braine, Duc de Bouïllon, dernier Capitaine des cent Suisses de son nom & Maison, mort âgé de 78. ans, sans enfans mâles, en 1652. ayant esté Capitaine en chef vingt-sept ans. Le 15. May 1610. Loüis XIII. le 15. May 1642 Loüis XIV. Dieudonné, surnommé le Grand, glorieusement regnant.

Iean de Soüillac Seigneur de Monmege, de la Maison de Pompadour, fut fait Capitaine Colonel des cent Suisses le 12. Mars 1653. au lieu de feu Henry Robert de la Marck dernier Capitaine cy-dessus de ce nom & Maison : Il donna cent mil livres pour cette charge.

François René du Bec Crespin Seigneur Marquis de Vvardes, fut fait Capitaine Colonel le 13. May 1655. Il a donné les cent mil livres aux heritiers du dernier deffunt Capitaine, & a refusé 80. mil escus & plus, pour seulement la moitié de cette Charge, à servir par Semestre, ou par année, en xbre 1663 fut disgratié & prisonnier à la bastille & de la mené en arrest dans la citadelle de Montpellier jusqu'environ 1665 qu'il eut la ville à son boul ... mene daigues mort pour prison, en xbre 1678 il envoia en cour sa demission & sa charge de Cap.ne des C. S. moien nant six cent mil luin ... qu'il ne luy chanoit tout que C ... mardy 24 Janvier 1679 M.re Jean Baptiste de Cassagnet es.er S.gr Marquis de Tilladet originaire de ... scong, fils ... de fidellité entre les mains du Roy, prit le baston de commandemt. & entra en fonction ... cette comp.e ayant payé 6 c ... en 1689 M.r le Marquis de Courtin Vaux a esté ... viuant de la charge de M.r de Tilladet./

CHAPITRE III.

DES LIEVTENANS SVISSES.

LEs Lieutenans Suisses Commandans la Compagnie des Cent à la Creation d'icelle, & depuis qui l'a payoient par semaine, y mettoient les Soldats qu'ils demandoient aux Cantons, & la gouvernoient entierement, jusqu'à l'esgard du payement que François le Regretier, qui estoit Secretaire de Charles Robert de la Marck Comte de Montlevrié, fut creé Tresorier Payeur de la Compagnie, & quand ont esté entre autres de ceux du nom desquels on se souvient encore, un illustre, Guillaume Frœlich de Soleure, environ l'an 1620. a esté depuis fait Colonel, il a servy en trois Batailles rangées en Italie sous Messieurs d'Anguien, le Mareschal de Brissac & de Guise l'espace de 40. ans; c'est luy avec son Regiment qu'on appelloit la Muraille Mouvante, qui a restably la Discipline Militaire dans son Canton, est enterré dans l'Eglise des Cordeliers entre la porte du Cœur & du Maistre Autel à Paris, un Colonel Pfiffer de Lucern, & un Capitaine Blaise.

En 1576. il paroit par quelques Ordonnances, qu'un Colonel Greder Solorois, a esté Lieutenant des cent Suisses.

En 1577. le Colonel Tuguener Solorois, neveu de Lilust G. Frœlich estoit Capitaine Lieutenant desdits cent Suisses.

En 1582. le Colonel Baltazar de Greffach estoit déja en France, & en 1595. Lieutenant des cent Suisses.

En........ le Colonel Galati, Brave, Chevalier, de Glaris estoit Lieutenant des cent Suisses en 1611. & encore en Septembre 1618. Contemporain des sieurs de Beau-regard, & de...... & que le Colonel Væquely de Frybourg a aussi esté Lieutenant Suisse des cent.

En........ le Colonel Frantz Von Affry Frÿbourgeois Contemporain en charge de Lieutenant des cent Suisses, des sieurs de la Brousse pere, de la Chau, & de

En 1646. le Capitaine Vlrich de Diespach sieur de Premon pourveu du Roy par Lettres de Sa Majesté au grand Sceau, Lieutenant Suisse des cent, Frybourgeois, Contemporain des Sieurs de Sainte Marie, de Chambor & de la Brousse fils, jusques au 10. Fevrier 1671. qu'il est mort.

En 1672. George Nicolas Diesbach de Belle-roche, a succedé à la Charge de Lieutenant Suiſſe des cent, apres en 1673. par achapt, moyennant une ſomme d'argent & penſion annuelle, il a eu la Compagnie franche de Iean Ferdinand D. ſien Couſin.

En..... à la place de Lieutenant des Cantons Suiſſes dudit Georg Nicol Dieſpach, le ſieur

---

CHAPITRE IV.

DES LIEVTENANS FRANCOIS DES CENT
Suiſſes, extrait au ſujet d'iceux.

CEluy qui parvint à la qualité de Lieutenant François, ne la pretendit que *ad honores*, ſans eſtre logé dans le quartier de la Compagnie ; le premier fut un qui ſervoit d'Eſcuyer à Charles Robert de la Marck Comte de Montlevrié, ſous pretexte de conduire les cent Suiſſes, & leur faire entendre d'office de zelé les ordres en l'abſence des Colonels & Capitaines Suiſſes, qui eſtoient Officiers commandans leſdits cent en l'abſence de leur Capitaine, lors que ſes Commandans Suiſſes eſtoient à la teſte de leurs troupes dans les armées.

Ce domeſtique eut l'adreſſe & le credit de ſe faire créer Officier ſous ledit titre de Lieutenant François, & receu proviſions du Capitaine de la Compagnie des cent Suiſſes, dont il ne joüit pas long-temps.

En 1580. le Roy Henry III. ayant eſté ſollicité pour cette char-

ge naiſſante, eſcrivit au Capitaine des cent Suiſſes de recevoir &
donner des proviſions à un gentil-homme de ſa Cour, de Lieutenant François des cent Suiſſes. (Notez qu'entre le haut de la lettre, & la ſignature de Ruzé Secretaire des Commandemens, ſa
Majeſté mit de ſa main, *Comte je le veux, car ie l'aime,*) le Capitaine avoit déja donné des proviſions à un qui luy donnoit de
l'argent; le Roy n'en voulant pas avoir le démenti, fit expedier
des proviſions au grand Sceau à ſon Courtiſan, qui ſurveſcut le
creé du Capitaine, ainſi il entra en poſſeſſion ſeulement apres la
mort de ce Lieutenant, du Capitaine, & depuis aucun Lieutenant
François n'eſt mort dans cette charge; l'ay auſſi appris ces choſes
des anciens du Corps dont mon pere eſtoit, qui mourut en l'année
1654. ayant ſervi l'eſpace de temps de deux veterances.

Nota, Qu'il eſt marqué dans une Requeſte articulée des Depu-
tez des Cantons au Roy, réponduë le 5. Iuin 1614. que la droite que
le feu Colonel Balthazar de Greſſach, pour ſon intereſt particulier, avoit cedé au Lieutenant François, ne pourra nuire, mais ſera reſtablie comme cy-devant, & que cela a eſté iugé par le Roy
Henry le Grand à l'article 5. & executé à l'entrée que ſa Majeſté fit
à Lyon en l'année .... où le ſieur   Lieutenant
Suiſſe reprit la droite.

Le Roy Loüis XIV. glorieuſement regnant, eſtant à Paris, par
ſon ordre du 29. Aouſt de l'an 1653. regla qu'en l'abſence du Capitaine de la Compagnie des cent Suiſſes, le Lieutenant François la
commandera, & donnera les ordres pour ſon ſervice, &c.

Si les Lieutenans eſtoient reglez à ſervir par Semeſtre alternativement, ou quand le Capitaine eſt preſent, que ce ſeroit le Lieutenant Suiſſe qui donneroit les ordres ſous luy, il n'y auroit plus de
difficulté, *ils ne laiſſeront de demeurer l'un et l'autre ord.er com. ils ſont pour*
pouvoir ſervir enſemble aus ceremonies, actions et fonctions extraord.res

LISTE DES LIEVTENANS FRANCOIS
des Cent Suiſſes.

2º LE premier Lieutenant François des cent Suiſſes cy-deſſus
creé du Capitaine qui eſtoit pour lors, Monſieur le Comte
de Montlevrié avec ſes proviſions, fut le nommé d'Eſtiveau.

Le ſecond fut Pardaillan, en faveur duquel Henry III. en l'an
1580 écrivit au Comte de Montlevrié, auquel Pardaillan environ
l'année 1594. ſucceda le ſieur Maugiron.

Noël Loüis de Nancel estoit Lieutenant en 1597. plusieurs royent que celuy-cy a esté Lieutenant du Capitaine, & le premier Lieutenant François des cent Suisses, par titre.

Le sieur de Beauregard, Brave, en ....

Le sieur de Marolles gentil-homme de Sologne, fut pourvû en Mars 1606. venant de la guerre d'Hongrie, renommé d'avoir en combat singulier de la lance, tué Marivault, des environs de Linois, à cinq lieuës de Paris.

André de Gontades sieur dudit lieu, & de

en

Thibaud de la Brousse fut receu en Ianvier 1620. il avoit esté Enseigne des Gardes François du Corps, il a servy de Lieutenant François des cent Suisses 14. ans, au lieu dudit de Gontades.

Hervé de Montreüil sieur de la Chau, fut receu le onziesme Iuin 1633. a servi neuf ans.

Guillaume de la Boisiere de Sainte Marie en 1642. a servi dix ans.

Philippe de la Boisiere sieur de Chambor, neveu du dernier, fut receu en Mars 1653. a servi deux ans, auquel le sieur de la Brousse Seigneur d'Atis a succedé à la Charge de Lieutenant franc des cent Suisses, qu'avoit possedé feu son Pere, & fut receu le 23. May 1655. nommé aussi Thibaud.

En 1680. le sieur *de Vieilvilla noru in sa ruumanc en Dassy son cousin, qui depuis luy a remis sa suruiuanc, qui in octan 1691 establj gouuerneur de Mons in hainault d'la part du Roy.*

CHAPITRE V.

DES ENSEIGNES SVISSES DE LA Compagnie des Cent.

A La creation de la Compagnie des cent Suisses, il n'y eût qu'un Enseigne Suisse, ce qui est demeuré ainsi iusqu'à la fin de Iuin 1658. que le sieur François Besson qui a esté le dernier ordinaire, unique Enseigne, & receu en cette Charge au mesme temps que feu François Besson Escuyer, son Pere, natif de la ville Distavajé, le Lac du Canton de Fribourg, prevoyant par le peu de support, &c. du changement ; quelques années apres la mort de son Pere, separa sadite Charge d'Enseigne Suisse ordinaire & unique en deux, sous le bon plaisir, par Brevet du Roy & l'agrément de Monsieur le Marquis de Vvardes Capitaine Colonel.

Le premier Enseigne Suisse à la creation de la Compagnie, auparavant l'an 1481. a esté le sieur

Le 29. Iuillet 1613. Hans I. Khaiffy de Chenits, dépendant des Cantons de Schwitz & Glaris, estoit Enseigne Suisse.

Le 4. Mars 1623. Iacob Schleipffer Lucernois, fut receu Enseigne.

En 1629. le Hans Iacob Hints, dit Capitaine Iacques de Soleure, fût receu Enseigne

Anno 1651. Der erst Ianvier Frants Zwilling oder Besson Vondie stattlin stévis, gesagt Estavajé orth Fribourg, Cadet d'un second remariage, & son fils aisné François Besson, Seindt Vendreich Vvorden in eintag, erstlich der Vater enchef Vnd der sohn à survivance.

Anno 1666. Henry Robert Besson genampt Rozefort Durch hilff sein elst Bruder F. B. ist auch Fendereich Vvorden fur sein gesagt bruder, l'an dernier susdit par accommodement de famille, sous le bon plaisir, Lettres du Roy & de Monsieur le Capitaine Colonel.

CHAPITRE VI.

DES ENSEIGNES FRANCOIS
des Cent Suisses.

NOtez que le cy-devant nommé F. Besson fils aisné, Auteur du present Livret, estant à Calais de retour du voyage d'Angleterre, qu'il fit en Iuin 1658. avec Monsieur le Duc de Crequi, un des quatre premiers Gentils-hommes de la Chambre, qui fût salüer Cromwel à Londres apres la Bataille des Dunes, devant & pendant le dernier siege de Dunkerque de la part du Roy, &c. sa Majesté trouva bon que René Yvonnet sieur de Moulineaux, nouveau & premier creé Enseigne François, entra en semestre, fixé par le Brevet de creation de cette nouvelle Charge, à Calais le premier jour du mois de Iuillet susdit an 1658. jusques à la fin de Decembre de chaque année :
A iceluy sieur dè Moulineaux au mois de   16   à
succedé par *mort de nr Sr des Moulineaux*
le sieur   *sler de Willume bentilsome du Bourbonnois*
auquel Mr le Marquis de Cillader en a fait prise connaissans
de l'attache qu'il a eu a sa personne ra sn jntires d'armees r dans son
regiment de Caualerie dont il etoit un des Capnes
en 1685 Mr Poulieau de Ljon originaire de St Etienne en forest a esté
rendu Ensigne francois, apres la Remission du sud Sr de Willume,
mojennant 28 et Hdone 3, on a esté donné Amr de Cillader Capne
pour sa gnetintine /

CHAPITRE VII.

DES STATTHALTERS CREEZ AVEC la Compagnie des Cent Suisses.

LE mot de Statthalter, veut dire & signifie Lieutenant, net & court, aussi l'estoit-il des anciens Lieutenans Suisses de ladite Compagnie, qui estoient Colonels, & comme tels toûjours à leurs Regimens, partant absens. Pour ce sujet on a interpreté Vice-Lieutenant, ainsi qu'il se voit en plusieurs titres & lieux, entr'autres dans l'Eglise de saint Eustache, au premier pilier de face, vis-à-vis la Chapelle de saint Iean & de saint Sebastien, qui est à costé de la principale porte du Chœur, à une Epitaphe faite en memoire Der Edel Vest Yuncker Iean Henry Vvirtz von Zurich, là enterré comme bon Catholique Romain qu'il estoit, quoy qu'il fut d'un Canton Huguenot, le 13. Novembre 1577. Ce Statthalter avoit trois places franches de Suisse pour sa solde, bouche à Cour le long de l'année, une paire de Iarretiere, ou une aulne de taffetas de chaque soldat Suisse Garde entrant en la Compagnie, & autres droits & reconnoissances, &c.

Le premier Statthalter, dit comme dessus Vice-Lieutenant, que l'on nomme par ignorance de la Langue Allemande, & erreur, vulgairement Capitaine Exempt, a esté le sieur.
en mil quatre cent &
Le second en mil   cent &   a esté le sieur

Ce Hans Henry Vvirtz sus-nommé, est mort en cette Charge de Statthalter le 13. Novembre audit an 1577. cela se trouve sur les Registres de la Chambre des Comptes, qui sont, comme je croy, à present dans les greniers des voûtes des Cordeliers, au Greffe de la Cour des Aydes de cette Ville de Paris, & ailleurs en cettedite Ville, &c.
Ladite mesme Charge de Statthalter a esté possedée environ les

dernieres années du Regne d'or d'Henry IV. par le sieur, Han
Iacob Khaiffy, de Glaris.

En 1613. par Iacques Schleipffer, de Lucern.

En 1623. par H. I. Hintz, de Soleure.

En 1629. par F. Besson Pere Frybourgeois.

En 1640. par F. Besson fils aisné, qui a veu trois Capitaines, ainsi
que feu F. B. son pere, & eu l'honneur de presenter la Compagnie à deux; sçavoir à Monsieur de Monmege, & à Monsieur le
Marquis de Vvardes; lesquels Besson ont toûjours perceus les
Iarretieres, ou aulne de taffetas, en salut & reconnoissance de
chaque soldat entrant.

En Ianvier 1651. est entré à la mesme Charge de Statthalter,
Henry Robert Zvvilling dit Besson, sieur de Rozefort fils puisné,
Chevalier de l'Ordre de saint Michel, Capitaine au Regiment
Mazarin, depuis d'Anjou, en suite de Monsieur le Duc d'Orleans
fils de France, frere unique du Roy.

En 1665. F. Alexandre Zwilling, dit Besson, Escuyer, Con-
citoyen de la Ville & Canton de Fribourg en Suisse, un des fils de
F. Besson l'aisné, a succedé à Henry Robert Besson Rozefort, cy-
dessus son Oncle, à la Charge de Statthalter, par ajustement de
famille, sous le bon plaisir, Lettres du Roy & de Monsieur le Capitaine Colonel, &c.

Auquel F. Alexandre Besson a succedé en *nouembre 1691*
Glasson fils d'antoine l'un Dy conseulx

CHAPITRE VIII.

DE LA CREATION DES EXEMPTS
en la Compagnie des Cent Suisses.

PREMIERE CREATION.

LE Brevet du Roy pour la creation d'un second Interprete, sous le nom d'Exempt François dans la Compagnie des cent Suisses, à l'instar de ceux que l'on nomme Exempts parmy les Gardes François du Corps, Gardes embâtonnez, pour faire entendre aux Suisses, en l'absence des hauts Officiers, les Commandemens de sa Majesté : Lisez ledit Brevet. Pour cet effet ayant esté supposé que tous les Officiers Suisses ne sçavoient pas parler François, & que cet Officier François que l'on mettroit parloit Allemand, &c. Il a esté obtenu par feu Monsieur le Duc de Boüillon la Marck dernier mort, le 11. Avril 1615. sous des conditions assez onereuses, attendu l'interest & lucre pretendu par cette creation ; c'est pourquoy on n'a guere montré ledit Brevet, ny suivy l'intention du Roy, en sorte que joint l'opposition des Officiers Suisses, l'établissement en fut differé jusques environ l'an 1626. qu'ĕle nommé   Duval, entre ceux qui ont esté pourvûs de cette nouvelle Charge, celuy-cy fut le premier qui entra en fonction servant ordinairement, conjointement avec le Satthalter Suisse, dit Vice-Lieutenant, que les gens qui n'entendent la Langue Allemande nomment Capitaine premier Exempt ; Lequel nom d'Exempt est donné aux Francs-Archers de la garde Françoise du Corps, qu'on a dispensez de porter hoqueton, casaque, pertuisane, bandoliere & carrabine, exempts de guet, d'y coucher sur les paillasses avec les autres Archers gardes leurs camarades ; ausquels gardes du Corps exemptez de ces dernieres choses, on a permis de porter un Baston de commandement pour marque d'authorité sur leurs égaux, servans en l'absence des Capitaines, Lieutenans & Enseignes, sous pretexte qu'il n'y avoit pas assez d'Officiers commandants : d'où le mot & nom d'Exempt est demeuré. Ce qui ne peut estre adapté à la charge de Satthalter de la Compagnie des cent Suisses, établie à la creation d'icelle, n'y ayant aucun rapport de sa creation & de son nom à

celuy

celuy d'Exempt, le Statthalter n'ayant jamais porté bandoliere, Halebarde, ny couché sur la paillasse avec les gardes Suisses du corps, & dont le nom est significatif de la charge & fonction, &c. Il est vray que depuis l'établissement de ce nouveau Officier François dans la Compagnie des cent Suisses, sous le nom d'Exempt, à l'instar, comme cy-devant est dit, auquel on a donné par surprise pour appointemens le revenu d'un fonds destiné pour estre distribué à toutes les places des cent Suisses, pour les indemniser d'une reduction de leurs Privileges : C'est pourquoy ce nouveau Officier Exempt François a esté premier creé de ce titre dans la Compagnie des cent Suisses, fournit seul de tous les Officiers de ladite Compagnie, à l'exception du Capitaine, sa quittance en parchemin, pour passer à la Chambre des Comptes, qui n'est que de six cens livres, le surplus qu'il tire chez les Tresoriers n'est à present que de cent vingt-huit livres, à quoy monte par chacun an une demie place, & non cent cinquante quatre liv. cela est de fait de sçavoir ce que vaut demi place de Suisse de revenu. On a pris des gardes Suisses, que l'on a embâtonnez & tirez du nombre des Suisses, à mesme instar que cy-dessus, qui par ce moyen effectivement sont devenus & demeurez exempts de porter l'habit de Suisses, des couleurs, l'halebarde, & de faire les fonctions de simples soldats gardes Suisses leurs camarades, que les anciens Officiers nomment compagnons, à l'exception du guet que quelques-uns de ses nouveaux créez Officiers François ont esté obligez de faire faire tous les ans, pour autant de places de Suisses que chacun d'eux a tenu : Ce qui a duré jusques aux années 1652. & 1653. que feu Monsieur de Monmege lors Capitaine Colonel, en exempta les sieurs Bardon, du Meage, &   Exempts François, &   à la sollicitation & priere du sieur F. Besson l'aisné fils, lors Enseigne unique, qui a duré à l'égard du sieur Lutty petit Fourier, du Tambour & Pfiffre, jusques à ce que par les prieres du mesme sieur de Besson Enseigne, Monsieur le Marquis de Vvardes les en a dispensez ; ce qui dure encore aujourd'huy à l'égard de l'Escrivain, dit Clerc du Guet, pour le revenu de deux places de Suisses, dont il joüit. Notez que cela a passé plus outre, car de Suisses on en a fait des François Exempts, ainsi qu'il se voit cy-apres, parce qu'ils ont plus de moyens que les Suisses.

A ce Duval cy-dessus a succedé Pierre de Vvest sieur d'Arrocourt en l'an 1630.

C

Environ l'an 1634. Iean de Lumeau Seigneur en partie d'Oüyn-
ville & de Gaillonnet prés Meulan, qui est devenu Veteran dans
sa Charge, apres lequel

En 1662.   Levesque, dit Croyers, de Rheims, l'a
achepté du sieur de Lumeau treize mil livres.

En 1671.   le Clerc luy a succedé, moyennant seize
mil livres, & servy pour la premiere fois le premier Ianvier 1672.

Autres Creation d'Exempts des deux Nations à la fois, Qui est la seconde.

PAr Brevet datté du 27. Iuin 1637. environ le temps du voyage que le feu Roy Loüis XIII. fit à Grenoble, pour y voir
Madame Royale sa bonne sœur ; on créa deux Exempts aux gages de six cents livres par an, à condition que cette somme seroit
prise sur les deniers revenans de la Compagnie, sans toutesfois
qu'à cette occasion de nouvelle creation, le nombre desdits cent
Suisses puisse estre diminué, mais demeurer complet, selon l'in-
stitution de la Compagnie, pour avec le sieur Besson alors encore Statthalter unique de la Nation, & le seul Exempt François
qui estoit aussi alors ledit sieur de Lumeau, faire quatre Officiers
sous le nom d'Exempts. Remarquez qu'il n'est pas dit que le
Statthalter en soit un : Neantmoins faire servir un desdits quatre par quartier chacun ; ledit Besson à cause de son âge choisit
celuy d'Octobre, parce qu'il n'y a pas pour l'ordinaire de grands
voyages ny Balets, & se conserva les jartieres deuës de reconnoissance à la charge de Statthalter par chaque Suisse, pour marque de
l'ancienneté de sadite charge, qu'il a receuës tant qu'il a esté pos-
sesseur de cette mesme charge de Statthalter, dont il y a bons certificats de cette verité : Le sieur de Lumeau prit le quartier de
Ianvier, estant de la campagne où il a affaire en esté.

Noms de ceux qui ont esté faits de la seconde Creation cy-devant.

AV defunt sieur Hans Mestre Fribourgeois, nouveau Exempt Suisse en 1637. fut donné le quartier de Iuillet; il a vécu dans cette charge 26. ans, & y est mort.

En 1663. le sieur Benjamin de Filtz a succedé à la charge & au quartier de Iuillet du susdit Mestre, à son Privilege, au prejudice de la veuve, que Monsieur le Capitaine Colonel a neantmoins indemnizée en quelque façon, dudit Privilege, avec une place de Suisse des cent qu'il luy a donnée pour son fils, nommé aussi Iean Mestre, laquelle place est un caractere pour pouvoir posseder un privilege d'aydes, c'est à dire devenir, & estre un des treize privilegiez de la Compagnie des cent Suisses.

Et ledit sieur de Salavert aussi nouveau creé Exempt François des cent Suisses, eut le quartier d'Avril, qui servit pour la premiere fois bien que mal en 1638.

En Aoust 1647. François Bardon sieur du Meage, succeda audit Salavert, & à son quartier qui ne roule point non plus que les autres, & servi en 1648. Cét establissement a esté traversé par un Tresorier nommé Heman, pere, sous pretexte que c'étoit nouveauté, & diminuer les places de Suisses au prejudice du service, contre l'intention du Roy, & les conditions du Brevet de permission de creation, qu'il n'appartient qu'à sa Majesté à créer Officiers, &c. Il y a eu instance entre lesdits sieurs du Meage & d'Heman, qui n'a point esté jugée, iceux s'estans accommodez par l'entremise de feu Monsieur le Duc de Boüillon Capitaine Colonel, qui avoit receu le sieur du Meage, & auquel par achapt a succedé

En Avril 1676. le sieur   N. de Chabanceau sieur de la Barre.

en Juin 1680 le   James de lagnole fils dun [...], de paris d[...]
le [...] sur le quay a esté receu entre [...] fonction de sa charge de
2.e exempt françois du sieur de la barre cy dessus du quartier davril, vacant
par mort mayntenant [...] au capne qui [...] a la V. usue.

à [...] de lagnole le [...]   du sieur a succedé en
maintenant

Troisiefme Creation d'Exempts des deux Nations, fait en 1648. apres la mort de Loüis XIII. & pendant la Minorité de Loüis XVI. & la Regence.

PAr paranthefe, ce Salavert dont eft fait mention cy-devant, chetif homme, peu propre à faire faire le fervice & commander, mais domeftique de Monfieur le Capitaine feu Monfieur le Duc de Boüillon la Marck dernier mort, cherchant fon profit, le Roy eftant en minorité, porta le Duc fon Maiftre à demander, & à fe donner la permiffion de creer encore quatre autres charges d'Exempts : Ce qui a reüffi, il prit quatre places de Suiffes pour les compofer; fçavoir, faire avec le Statthalter & les trois precedens Exempts le nombre de huit Exempts dans la Compagnie des cent Suiffes, à la diminution du nombre des cent contre l'intention de fa Majefté, & au prejudice de fon fervice, dont il y en aura quatre de chaque Nation; ledit Salavert qui avoit vendu fa premiere nouvelle charge d'Exempt au fieur du Meage, en eût pour luy une de celles-cy dernieres pour le recompenfer de fon avis : Lefquels quatre derniers Exempts, que ceux de la creation precedente nomment petits, ont efté partagez à fervir.

Le mefme Treforier Heman a traverfé auffi cette derniere Creation.

En Avril 1648. les fieurs Victor Vict lors petit Fourier, & Iacob Scherer des cent Suiffes, ce dernier du Canton de Glaris, furent créez Exempts de la Nation; Mais le premier eftant detenu au lit d'une maladie dont il mourut, lors de la creation defdites Charges, ledit Scherer commença de fervir feulement au quartier de Ianvier de l'an 1649. à la gauche du fieur de Lumeau alors Exempt François de ce quartier-là. *Nota*, Auquel fieur Scherer a fuccedé à ladite Charge, feulement en 1671. Michel de Feyt moyennant fept mil livres d'achapt qu'il en a fait au prejudice de feu Philippe Scherer qui en avoit la furvivance, & de tous les Officiers pour la confequence.

Audit mois d'Avril susdit an 1648. Iacques le Scellier sieur de Beauregard, aussi creé Exempt François, pour servir dans le quartier de Iuillet, à la gauche du sieur Hans Mestre Exempt Suisse ; & auquel Beauregard a succedé par achapt moyennant dix mil livres en 1674. Philippe des Moulins sieur des Russeaux, qui a servi le quartier de Iuillet dudit an pour la premiere fois.

En mil six cens &   a succedé

Vers le   de Septembre de la mesme année 1648. le sieur Gaspard de Feigt fût receu pour Exempt Suisse de la derniere creation cy-dessus, au lieu de feu Victor Vict son pere, decedé environ le 20. dudit mois & an, pour servir dans le quartier d'Avril de chaque année à la gauche de l'Exempt François de ce quartier-là, & a continué jusques en 1672. que son plus jeune frere Michel estant aussi devenu Exempt, ledit Gaspard aîné obtint de servir le quartier de Ianvier au lieu de celuy d'Avril, ce Michel Fite sert à present ledit quartier d'Avril, sans tirer à consequence, les quartiers ne roulant pas dans la Compagnie des cent Suisses.

De la mesme troisiesme creation d'Avril 1648. le mesme Salavert encore une fois Exempt François de cettedite creation, a servi dans le quartier d'Octobre à la gauche du sieur Besson fils Statthalter, ce qui ne se change & ne roule point.

A celuy de Salavert a succedé par achapt en 1660. le sieur de saint Silvestre.

Item en 1661. le sieur l'Huillier, moyennant neuf mil livres.

Item en 1667. le sieur de Grezilmon pareillement, pour ledit l'Huillier, par vente.

En 1674. le sieur de Clampsi de Laon en Picardie, par achapt dudit Grezilmon, moyennant dix mil livres, ou mil pistolles.

CHAPITRE IX.

DES *QUARTIERS MESTRES, DITS GRANDS Fouriers, ou Fouriers Majors, autrement Mareschaux des Logis, & de petits Sous-Fouriers Suisses creez avec la Compagnie des cent de leurs fonctions & habillemens, comme il s'est pratiqué en nos jours de mon temps.*

LE grand Fourier portoit l'habit rouge, & le petit l'habit bleu, le haut de chausse découpé pour le distinguer, parce qu'ils servoient ensemble, & ordinairement; le premier marquoit les logis des Officiers, & ceux pour le Guet dans le quartier du Roy, & le petit ceux des Compagnons à la campagne; le premier a bouche à Cour au Serdeau toute l'année, ce qui a esté observé jusques en 1656. que Monsieur le Capitaine Colonel a creé des Fouriers François, ainsi qu'il se verra, qui sont maintenant couchez sur l'Estat de la Cour des Aydes. Pour marque de leurs charges, outre leurs habits, lors qu'ils sont en fonction de servir aux sejours & suite de la Compagnie, & lors que le tambour bat les Festes & Dimanches, ils portent chacun une pertuizane, le grand à la droite, & le petit à la gauche; ont soin de lever les pacquets & de les reporter.

Notez pour regle generale à instruire, que dans les listes au bout des noms où il n'est point marqué le nom du Canton, c'est qu'il n'a point esté justifié que ceux au bout du nom desquels il manque, fussent Suisses ny fils de Suisse, qui est sensé mesme chose, & qu'ils ne sont connus ny crus tels, ny originaires.

Les derniers grands Fouriers de connoissance, ont esté :

H. Schleipffer, du Canton de Lucern.

H. I. Heintz Von Solthurn.

Frantz Besson Von Fryburg.

En 1629. Gaspard Schleipffer, fils.

David Kuntner, Solorois.

En 1648. Iean Antoine, mis dehors pour ne s'estre trouvé Suisse.

En 1649. Edme Chassot, Frybourgeois.

En 1658. Benjamin Filtz.

En 1663. Michel Fite, le plus jeune des Ficts freres.

En 1671. Steiner, dit Lapierre, le jeune.

en 1676. lapierre l'ainé a la place de son frere frere.

Les petits ou Sous-Fouriers ont esté en ses derniers temps.

En 1624. York Herpbtz, Solorois.

En 1633. Hans Mestre, Frybourgeois.

En 1637. Victor Vict, pere. *Nota*, Qu'en Alleman les V sont prononcez comme les F en France.

En 1648. Gaspard Feygt fils aîné de Victor Vict.

En 1649. Hans Luty, Lucernois.

En 1669.　　　　　Steiner, dit Lapierre, l'aîné.

en 1676, Michel glasson fribourgeois a la place de lapierre l'ainé
& en 1689. glasson neveu suivi dud. Michel
modo 1691　　　Cath. de la place dud.　　　glasson neveu.

En 1656. on crea deux Fouriers François, pour avec les deux anciens Fouriers ordinaires Suisses, faisant quatre, les faire servir chacun par quartier, & on tira des places de Suisses pour faire leur appointemens. Le sieur Chassot, comme premier, ancien & grand Fourier Suisse, s'est reservé la main droite en toutes les ceremonies où il sera commandé, quoy qu'il ne soit pas de quartier, & le quartier de Ianvier, avec le département dessigné cy-dessous de la ruë des petits Carreaux, joint aux autres des autres Fouriers.

LA SEPARATION CY DESSIGNE'E DV QVARTIER destiné pour le logement de la Compagnie des cent Suisses du Roy en quatre départemens ou cantons, faits au plus juste qu'à moy F. Besson Escuyer, Capitaine-Enseigne d'icelle, m'a esté possible, pour par chacun des quatre Fouriers loger la quatriesme partie de ladite Compagnie, qui luy est nommée dans son département, moyennant quoy lesdits Fouriers n'auront à voir les uns sur les autres, &c. Premierement le grand Fourier Chassot, depuis B. Vict qui en a laissé perdre : M. Vict, à present Steiner, dit Lapierre le jeune, à la ruë neuve saint Eustache, à commencer auprés & en deça de la premiere porte cochere de la maison cy-devant au sieur Gaultier Chirurgien, à present à la nommée Canto, en venant aux petits Carreaux, & celle desdits petits Carreaux jusques à l'Hostellerie de l'Enseigne du Bout-du-Monde, qui fait un coing, & de la Croix Blanche qui fait l'autre.

Celuy de Hans Luty Fourier Suisse, à present l'aîné Lapierre, est depuis la Boucherie Montmartre, & vis-à-vis jusques à la porte cochere, y comprise de la maison du sieur Gaultier, &c. en revenant reprendre la maison où est l'Image Nostre-Dame, faisant un coing de la ruë des Vieux Augustins, & de l'autre costé vis-à-vis
de

Plan du quartier de Logement des Cent Suisses du Roy,

Cantonné en 4 Departemens a la Creation des 2 fouriers francois faite en 1656.

Mrs les Capne Cole et Lieutenant francois sont logez sur l'ordinaire de la Maison de sa Mate Non dans les quartiers [?] par les fouriers de la Compie des C.S.

Antiens murs de la Ville.

Maisons de Messrs de la porte.

Eglise St Eustache

Rue du Jour

Rue Platriere

R. Solis.

Courtrico.

Chappelle Ste Marie Egiptienne.

R. des vieux Augustins

Cul de sac

Boucherie Monmarte ou estoit l'ancienne porte de ce Nom.

Rue Neufue St Eustache

Rue de Mont Marte.

icy est le departement du premr fourr francois — icy est le departement

Maisons des Besson

Hostel Mont des Martyrs. Enseigne du

ant. logemt du Capne Enseig S.

2 Maisons

Le Grand fourer Suis logera dans son departem de la Rue des petits Careaux et culs de Sacq, les 2 Exempts de son quartier de janer, luy mesme et s Compagnons.

Le petit ou Second fourer S. logera dans le departem de partie des R. Monmarte, de St Sauueur et dans celle du bout du Monde. L'enseig. [...] Ex de son quartr de juillet, luy mesme et 25 Compans

Pastor 1er fourer fran. logera dans son quartr de la R. Monmarte et Moitié de celle de tiquetone les 2 Ex de son quartr aoust, l'exempt [...] luy mesme et 25 Compans

Le 2e fourer S. logera dans son depart la R. Montorgueil et de la moitié de celle de tiquetone le lieut S, l'enseig. F, les 2 Ex son quart d'auril, luy mesme et 25 Compans

Rue Guignetonne

Ancienne Coupe Gorge

Epucerie

Rue Montorgueil.

icy est le département du Second fourier francois. — icy est le departemt du grand fourier Suisse.

Rue des Petits Carreaux.

Fourier de Bourgogne

Rue Saint Sauueur

A cul de sac

R des 2 portes

Nouueau cul de sac

cy devant Cour des Miracles repris formeau rue.

de l'autredit coing, proche l'Enseigne du Mont des Martyrs, &
retourner à la ruë du Bout-du-Monde, tout le long des deux cô-
tez, & celle de saint Sauveur jusqu'à celle des deux Portes, a le
cul-de-sac au dessous de la Boucherie, & passe sur ses pas toutes
aux dernieres dites ruës du Bout-du-Monde & saint Sauveur; les
hallebardes marquent les bouts des départemens, ainsi que les
points marquent les separations d'iceux Fouriers.

Celuy du sieur Pastor premier Fourier françois, tout le long de
la ruë Montmartre, jusques où commence Luty, dans la ruë Quiquetonne, vers le milieu, &c.

Le Comte, à present le sieur Dabon, le long de la ruë Montorgueil, jusques où finit Fiét, à present Lapierre le jeune, & dans la
ruë Quiquetonne, &c.

Pour les pacquets, particulierement les draps qu'il convient
quand le Roy est à Paris, toutes les fois que le Guet change, & au
milieu de chaque Guet, qui est un mois, de mois en mois, ou que
le Roy revient de campagne, qu'il en faut de blancs, ils se leve-
ront, &c. c'est à chaque Fourier qui entre en quartier à lever les
draps, & à celuy qui en sort de prendre les sales, & à les reporter
chez ceux qui les ont fournis.

Luty, le quartier de Iuillet, avec les départemens d'une partie de la ruë Montmartre, la ruë du Bout-du-Monde, & celle de
saint Sauveur en partie.

Laurens Pastor a eu le quartier d'Avril, & le Comte celuy
d'Octobre.

Depuis ledit sieur Pastor a changé son quartier d'Avril de gré
à gré avec Honoré Dabon, qui a succedé à feu le Comte à celuy
d'Octobre.

En 1656. le premier créé Fourier françois, a esté ledit sieur
Pastor. *qui a eu par faveur a gran— de Mr de Wardes son Mtre jusqu'a 3 —
plans edimyr. en may 1682, ledit pastor a vendu aud* charas
....

En 1656. le Comte fut fait second Fourier françois, auquel a
succedé par mort,

En 1668. le sieur Honoré Dabon. *qui a été obligé de se défaire e—*
en 1684 a   Jacquinot qui mourut six mois après, auquel
aud an 1684, ledit   fut y a succdé Moyjman.

D

FOR MVL D'ANCIENS BVLETINS POVR

loger ordinairement. Les deux Chambres sur le devant sont pour les Suisses; mais il faut qu'il s'accommode à l'amiable avec l'Hoste, & ne peut prendre son logement luymesme de force, faut qu'il ait un de ses Officiers, & de ceux des Archers du Grand Prevost, n'estant pas juste d'estre juge de sa propre cause, &c.

Vstancille; c'est lit garni, table, escabelle, sel, poivre, vinaigre, chandelle, feu de l'Hoste, & de l'eau.

LA maison scize ruë ...... où pend pour enseigne appartenant à ou aux heritiers, &c. est marquée par moy sous-signé pour le logement de tel, l'un des cent Gardes Suisses ordinaires du Corps du Roy, & luy sera fourni dans icelle toutes ustancilles & choses necessaires & accoustumée à pareil & semblable logement. Fait à Paris sa Majesté y estant, le jour de 1586.

En ses derniers temps quelques Suisses, entr'autre Hans Zuraikle dit I. du Chesne, s'estant inmissez aux logemens où il y a eu quelques abus, Monsieur le Peletier Maistre des Requestes, Prevost des Marchands, en vertu d'un ordre du Roy du 1674. en a pris connoissance, a reglez les Bourgeois à ne loger plus que de quatre années une dans chaque maison, au lieu qu'auparavant ils logeoient toûjours sans relâche, quoy qu'il y eut trois fois plus de maisons que de Suisses à loger, & fait faire tous les ans de nouveaux Buletins signez du Greffier de la Ville, qu'il a donné aux quatre Fouriers de la Compagnie, pour les délivrer aux Officiers & soldats Gardes Suisses du Corps.

Notez qu'en 1496. Maiſtre Loüis de Ponchier Conſeiller, Notaire & Secretaire du Roy, payoit les cent Suiſſes. A cette Commiſſion de Payeur, qui ne diſtribuoit pas l'argent, mais le delivroit au Lieutenant Suiſſe Commandant, comme il ſe pratique encore à la Compagnie generale des Suiſſes, à ſuccedé

Obſervez que la ſolde a augmenté ſelon & à meſure qu'on a retranché les Privileges des Suiſſes.

En 1595. Maiſtre Leonard d'Eſtournean Commiſſaire ordinaire des Guerres, eſtoit Treſorier des cent Suiſſes. Voyez page 8. du Livre des Titres de quelques Privileges de la Nation, recueillis par le ſieur Beſſon l'aiſné.

Du temps de Charles Robert de la Marck Comte de Monlevrié, le premier qui a eſté creé Treſorier en Titre d'Office de la Compagnie des cent Suiſſes, a eſté François le Regretier Secretaire dudit Seigneur Comte, qui n'a encore payé de long-temps apres ſa reception les ſoldats Gardes, en détail, par ſemaine, apres par mois d'avance, ſujet pourquoy on luy a paſſé une place de Suiſſe. Depuis on a creé trois autres ; le quatrieſme triennal a eſté acheté par les trois premiers, ils ſervent par année alternativement.

Sur le Rôle des Comptables de la Cour eſt écrit d'une part, quartier & demi gages & augmentation des trois Treſoriers des cent Suiſſes de la Garde, y compris le droit d'avance du Treſorier en exercice 1406. livres 5. ſols.

Depuis il y a eu autre augmentation.

En 1633. il y avoit pour Treforiers les fieurs le Regretier, Iean Brifet & Pierre Marefts.

Et celuy qui a fuccedé audit Regretier a efté le fieur le Royer.

Apres luy en 1666. le fieur Denis.

Le défunt fieur de la Pomme, pere, a fuccedé à l'alternatif.

En mil fix cens cinquante &.......... le fieur de la Pomme, fils, a fuccedé à feu Monfieur fon pere.

Feu Pierre Heman, pere, triennal, a fuccedé audit

En mil fix cent cinquante   Iacques d'Heman, fils, a fuccedé à deffunt fon pere.

En 1670. le fieur Alvarez l'aifné a fuccedé par troque d'un Diamant, valleur d'environ vingt-quatre mil livres, audit Heman fugitif, &c. qui a laiffé un fils.

Notez qu'il y a quatre grands mois de folde qui font les derniers de chaque quartier, & huit petits mois par chacun an, aufquels les compagnons ont moins de dix livres qu'aux grands, de mefme que les Officiers qui ont des places, ainfi qu'il fe voit cy-fuivant & au Tarif qui fuit.

Lefdits dix livres par chaque dernier mois de chacun quartier, proviennent d'une augmentation de quarante livres de folde par an à chaque place, pour la reftrinction & indemnité de l'exemption du droit d'entrée fur le vin à Paris que les Suiffes avoient, qui a fait que depuis on a appellé lefdits mois derniers, grands mois, parce qu'aux autres huit mois il n'y a de l'ancienne folde que dix-huit livres pour chacun defdits huit mois, duquel ancien Rôle l'extrait cy-apres le juftifie.

EXTRAICT DE L'ANCIEN ROLE.

LA premiere quittance 12528. livres pour les 87. Suiſſes croi-zez du nombre des cent, pour leur ſolde & entretement.

La ſeconde ſomme de 3420. livres pour la recompenſe des 87. Suiſſes, d'avoir ſervi ſa Majeſté à raiſon de dix livres chacun par quartier, & de 40. livres par an à chacun d'eux ; on tient que c'eſt pour le retranchement de l'exemption du droit d'entrée, cette ſomme qui ſe paye ſur chaque dernier mois de chaque quartier, que l'on appelle grands mois, il y en a eu qui m'ont dit que c'étoit pour le franc-ſalé que la Compagnie n'a plus à Paris.

Et la troiſieſme ſomme de 6264. livres, pour la recompence des retranchemens des Privileges deſdits 87. Suiſſes, de vendre Vin, ſuivant les Arreſts du Conſeil dés le   & deuxieſme Iuin 1620. à raiſon de ſix livres chacun par mois, & de 72. livres par an à chacun d'eux, outre & par deſſus leurs anciennes ſoldes & recompences, &c.

40. & 72. livres ſont enſemble 112. livres pour chaque place de Suiſſe par an de recompence des retranchemens des grands Privileges des 87. Suiſſes de vendre Vin, &c. leſquelles 112. livres jointes à 144. liv. que chacun d'iceux a par an d'ancienne ſolde & entretenement, montent à 256. livres par an pour chaque ancien-ne place de Suiſſe de la Compagnie des cent de la garde ordinaire du Corps du Roy.

Notez qu'en l'an 1625. fut accordé encore une ſomme pour les pareils & meſmes retranchemens de Privileges cy-deſſus, à condi-tion de ne pouvoir plus vendre qu'en une ſeule cave ſeulement, à treize Privilegiez, dont on a compoſé les gages du premier Exempt François au prejudice des Suiſſes.

En 1644. apres la mort du Roy Loüis XIII. d'heureuſe memoire, fut encore accordé quelque choſe pour autre retranchement des grands Privileges des treize Privilegiez, afin qu'ils permiſſent la viſite dans leurs caves, & reduction de ne plus vendre que 150. muids de vin chacun des treize par an, qui a paſſé ſous nom de pen-ſion, &c. en main de feu Monſieur le Duc de Boüillon, à leurs pre-judice, ainſi que l'inſtruction du different de Monſieur le Marquis d'Arguien en instruit suffisamment, que ledit sieur à fait imprimer au sujet de son different avec Iacques André Fermier des Aydes, & découvre la vente infame qui a esté faite des Privileges qu'il avoit plû aux Rois accorder à la Nation Suisse, en consideration des services d'icelle.

Iusqu'en 1657. chaque paye de place de Suisse du Roy a esté de 256. livres par an, qui fait pour cent; celles des places des Officiers comprises 25600. livres, & les Tresoriers touchent 35440. livres, partant c'est 9840. livres qui leur reste, surquoy ils payent 3460. livres pour augmentation de gages à Monsieur le Capitaine par chacun an; d'une part; partant demeure ausdits sieurs Tresoriers pour eux 5380. livres, & 256. livres d'une place comprise dans le nombre de cent, qui leur est passée pour faire l'avance d'un mois le long de l'annnée; ainsi c'est 5636. livres, qui fait à chacun desdits Tresoriers par an 1878. livres 13. sols 4. deniers, sans les caïez des frais qu'ils dressent pour les voyages, sauf erreur de calcul de tout ce que dessus, &, &c.

En 1658. la somme de 7300. livres fut accordée pour indemnité du changement des petits Privileges communs à tous les cent Suisses, du nombre desquels estoient & sont les Officiers, & treize privilegiez, qui estoit de ne payer quoy que ce soit par delà les 4. livres d'impost ancien pour chaque muid de vin de droit d'aydes, & par delà le nombre desdits 150. muids, lesdits Privilegiez ne payoient que 4. livres tout court par muids de vin, &c. pour cedit retranchement, cette derniere somme de 7300. livres, qui fait 4. sols par place par jour, & 73. livres tant de sols pour chaque Officier Suisse & soldat de cette Nation des cent par an, joint aux 256. livres, fait 329. livres, & par jour 18. sols pour chacune place dudit nombre de cent.

INSTRVCTION POVR LE TARIF ET LISTE

Icy-deſſous : Faut ſçavoir que pour compoſer des appointemens à la nouvelle Charge d'Exempt François dont eſt cy-devant
parlé, que l'on crea en l'année 1637. pour le ſieur Salavert, que
poſſede à preſent le ſieur de la Barre ; Monſieur le Capitaine Colonel donna une place de Suiſſe, l'habit compris, à prendre en argent
chez les Treſoriers, par an 256. livres. L'Exempt Lumeau pre- 256. liv.
mier Exempt François, pour ne plus ſervir ordinairement, ceda
de ſa place unique qu'il avoit, ayant 600. livres de gages d'ailleurs,
l'habit entier chez le Marchand, & en argent chez le Treſorier par
an demy place Nota, Demy place pour icelle cent vingt-huit liv. $\frac{1}{2}$
& non 154. livres : Et le Statthalter Beſſon ceda auſſi un habit, &
en argent ſoixante & ſeize livres, leſquelles trois ſommes enſem- 128. liv.
ble font celle de quatre cens ſoixante liv. que touche par an ledit 460. liv.
Exempt de la Barre. Donc celuy qui poſſede la Charge d'Exempt
du ſieur Lumeau, ne doit toucher que demy place, pour icelle que
cent vingt-huit livres par an, & non cent cinquante quatre livres :
cela eſt de fait & conſtant, il n'y a qu'à ſçavoir ce que vaut une
ancienne place de Suiſſe, & compter la moitié. Partant les vingt-
ſix livres de trop qu'il reçoit, doivent eſtre reſtituez & aller au
Statthalter Beſſon.

Au meſme an 1637. au ſieur Hans Meſtre, pour faire appointe-
ment à ſa nouvelle Charge d'Exempt Suiſſe, que poſſede maintenant le ſieur Benjamin Vict, auquel Meſtre qui eſtoit alors déja
dans la Compagnie, on luy laiſſa ſa place, & feu Monſieur le Duc
de Boüillon y ajoûta demy place, à condition qu'il en donneroit
vingt-quatre livres par an au petit Fourier, qui grondoit de ce que
l'on faiſoit monter ledit Meſtre à ſon prejudice, &c.

Pour le grand Fourier, qui eſtoit alors David Kuntner, Stupide,
ne ſçachant parler François, on le laiſſa ſans luy donner quoy que
ce ſoit pour ſouffrir cette augmentation, nouveauté d'Officiers, &
paſſe droit à ſa Charge, eſtant à luy en ſon rang de monter à la
Charge d'Exempt.

LES OFFICIERS ONT DROIT DE SE FAIRE
payer par mois, & chaque mois par avance ainsi que les Soldats Gardes Suisses du Corps, sans donner quittance que sous leurs seings privez.

IL y avoit autrefois un Porte-Enseigne Suisse, on a negligé de le rétablir, ainsi qu'autres choses; pareillement le Vvacht Schereiber, qui veut dire Ecrivain du Guet. En 1633. Hans Maillart l'étoit, auquel les Suisses avoient accordé un Privilege sans consequence, & ce pour pour avoir agy & sollicité pour les défendre, & déboursé quelque argent: Il parloit l'Alleman; autrefois cette Charge étoit possedée par Suisses dépendant du Lieutenant de cette Nation: Il y a pieces justificatives de tout cela, pour le montrer si le cas y écheoit, & il est assez juste que s'en soit un, attendu que par les traitez aucuns François ne doit mettre la main sur Suisse, la Nation ayant sa Iustice.

Il y avoit aussi un Aumosnier, le dernier nommé de Vaure a servy depuis l'an 1636. iusques environ l'an 1655. & touchoit six cent livres par an sur les revenans bons de la Compagnie; il est employé en la Chambre des Comptes; c'est le sieur Feüillet, Chanoine, Curé à saint Cloud, ignorant la Langue Allemande, qui l'est devenu à la sourdine depuis l'an 1670. sans que iusques à present sa pieté & charité l'ait porté à en faire aucune fonction.

En 1656. Monsieur le Marquis de Vvardes donna les Provisions d'Exempt ordinaire au nommé Dabon, dit la Chesnaye, son Domestique, pour titre, l'ayder à le marier; Comme il n'y avoit place, fonction, bouche à Cour, ny solde, il quitta cette Charge au sieur la Coste, qui a servi quelques quartiers en divers temps pour les uns & les autres des Exempts qui avoient des affaires, environ les années   & 1661.

Il y a encore eu quelques Medecins, *ad honores*, de temps à autres: Les derniers qui furent ces années   sont

Celuy qui l'est cette année mil six cens soixante &   est

l'apoticain[?] le S.r Paris mort in 1680 & il y a plus est

Pour

Lifte des Habits des Officiers de la Compagnie des C.S. qui fe reçoivent chés le Marchand fourniffant les Livrées de la Maifon & Efcuries du Roy.

Primò, Outre des Livrées feparées du Capitaine Colonel, des Lieutenant & Enfeigne.

Nóbre des payes des Places aux Officiers de la Compagnie des Cent Suiffes du Roy, felon leur rang de creation.

Lifte des Places des Officiers, qui n'eft femblable à celle des habits, pour des raifons, à caufe des differentes creations, &c.

A Recevoir chez Meffrs les Treforiers de lad. Comp. lors qu'ils font en année d'exercice.

Lifte des Habits / creations	Lifte des Places des Officiers		Par petits mois.	Grands mois.	Quartier.	Et par chacun an.
Au Lieut. Suif. creé environ l'an 1480. 4. habits.	Au Lieutenant S. creé avec la Compagnie.	4. places.	Por ce, 72.l.	112.l.	256.l.	1024.l.
Idem, mefme creation. 2.	A l'Enfeigne Suiffe Beffon, des 4. places qu'il avoit eftant vnique & ordre depuis 1658. q;	2.	36.l.	56.l.	128.	512.l.
Idem, mefme creation. 2.	Au Statthalter Beffon, vulgairemét dit Exépt S. des 3. places que cette premiere & anciéne Charge avoit lors qu'elle eftoit vniq;&ordre il n'y a plus depuis 1657. auec 52.l. que	2.&demy	quifont 47.l.10.f.	78.l.	173.	692.l.
Id. creation 1.& demy.	Au grand Fourier Suiffe, à prefent comme tel, le jeune Steiner, dit Lapierre.	1.& demy.	27.l.	42.l.	96.	384.l.
Idem, creation. 1.	Au petit, dit fecond Fourier S. à prefent cóme tel, l'aifné Lapierre, avec 24. liv.	1. qui font	enfemb. 20.l.	30.l.	70.	280.l.
Idem. 1.	Au Clerc du Guet faifant guets & efcoüades.	2.	36.l.	56.l.	128.	512.l.
Idem. 1.	Au Treforer pour faire l'avance de mois en mois, fi bien aux Offrs qu'aux Sold. Gard. S.	1.	18.l.	28.l.	64.	256.l.
Creation de 1496. 5.	A Mr le Capitaine Colonel, environ	5.	tantoft plus, quelques fois moins.			1280.l.
Creation de 1580. 4.	Au Lieutenant François des Cent Suiffes.	4.	72.l.	112.l.	256.	1024.l.
Créé en 1615. feulement, étably en 1627. n'a plus d'habits depuis l'an 1637.	A le Clerc 1r Exempt F. à caufe des gages,&c. de la place que cette Charge eût en 1627, qu' elle entra en fóction & demeura vniq; & ordinaire jufq; en 1657. n'a plus que	demy place	ainfi 9.l.	14.l.	32.	128.l.
Creat. de 1637. 1.& demy.	A Ben. Fict pour Exempt S. moins 24.l. pour le petit Fourier, à	1.& demy	ainfi 25.l.	40.l.	90.	360.l.
Id. creation de 1637. 3.	A B. du Meage Exempt F. moins 52. liv. à	2. ainfi c'eft q;	32.l.	51.l.	115.	460.l.
Creation de 1648. 1.	A Gafp. Fict, pour Exempt S. à prefent du quart. de Janvier, fans confequence. 1.		18.l.	28.l.	64.	256.l.
Idem. 1.	A Mich. Fict, pour Exempt S. du quart d'Avril. 1.		18.l.	28.l.	64.	256.l.
Idem. 1.	A Ph. Defmoulins Ex. F. du quart. de Iuillet. 1.		18.l.	28.l.	64.	256.l.
Idem. 1.	A De Clamfy Exempt F. du quart. d'Octob. 1.		18.l.	28.l.	64.	256.l.
Creat. de 1656. 1.& demy.	A L. Paftor 1r Fourier F. du quart. d'Octob. 1.& demy		27.l.	42.l.	96.	384.l.
Id. creón & d'hab. vn & d.	A Honoré Dabon 2e Four. F. du quar. d'Avril. 1.& demy		27.l.	42.l.	96.	384.l.
Creation de 1658. 2.	A R.Y. Demoulincaux Enf. F. du fem. de Iuil. 2.		36.l.	56 l.	128.	512.l.

36. Places. — 36. Habits.

Notes (accolades, colonne de droite) :

{ Ne touche que 45.l. 10.f. par petits mois. 75.l. 10.f. par grands. 166.l. 10.f. par quartier. & 666.l. par an; de forte que c'eft 26.l. de moins par an qui luy manque, que reçoit de trop le Sr le Clerc cy-deffous, 1r Exempt François : c'eft la condition que le Sr de Lumeau fon devancier, s'impofa en l'an 1637. pour eftre foulagé de ne fervir que 3. mois par chacun an, au lieu de 12. qu'il eftoit obligé de fervir conjointement avec le feu Statthalter Beffon grand-pere.

{ Tire 38.l. 10.f. par quartier, n'en doit avoir que 32. partant c'eft les 26. par an qu'il reçoit de trop qu'il faut au Statthalter Beffon.

{ Se fait payer 94. liv. 10. f. par quartier, n'en doit avoir que 90. l. à caufe des 24. l. du petit Fourier Suiffe, que fa Charge eft obligée de laiffer toucher fur luy par la códition de la creation de fa Charge : ainfi c'eft 18. liv. de trop par chacun an.

Pó toutes Sold. des Officrs 9214. l. paffées pó Officrs outre les C. halebardes effectives qu'il y doit avoir, prenoit pour les Officiers (a la verité qui n'eftoient en fi grand nombre qu'ils font à prefent) fur les cent au lieu de gage.

Depuis l'augmentation faite en 1662. defd. 36. nouvelles places de Suiffes, auparavant, tout[es] anciennes places de Suiffes du Roy, d'autant qu'il n'y a pas de fond pour les gages, ainfi c'eft fo[...]

Monfieur le Capitaine a cent efcus à prendre par an chés les Treforiers de l'Argenterie d[es] Efcuries, ainfi qu'vn des Lieutenans de la Compagnie pour les Livrées; L'autre Lieutenant tire 207. l. aufli par an chés le mefme Marchand qui fournit les habits; Et l'Enfeigne Suiffe doit toucher d[u] Marchand les 127. liv. que le Lieutenant Suiffe tire, &c.

Le Statthalter a droit de recevoir les Iarretieres ou aulne de taffetas en falut & reconnoiff[ance de] chaque Soldat Garde Suiffe du Corps nouveau venu, qui entre dans le Corps. Les poffeffeurs de cette Charge les ont toufiours receus des Soldats ou Marchand, iufques au temps que Monfieur Marquis de Vvardes Capitaine Colonel a efté abfent de la Compagnie.

la farge de Statt halter dit Vic luictenant Vulgairemt j[?] ancin examplt du [...]
joelle etandt [...] aver la Compt a droit desjartius sur fasg bardis [...] Nouveau Venu
Entrant dans le Compt por la fin e Marquis de son antenieur

a Bompfe a Cour

Pour Chirurgien le fieur Antoine Colladon pere, & Iean Antoine Coladon fon fils, à furvivance, en vertu des Provifions du Capitaine Colonel, du 25. Novembre 1673. confirmée par Arreft contradiĉtoire de la Cour des Aydes du 8. Fevrier 1675. portant entr'autres chofes, que nul n'entre à la place d'un Officier vivant, foit pour eftre titulaire ou furvivant fans la demiffion dudit Officier vivant, & fans qu'il foit énoncé dans les Provifions, (fuivant l'ufage de ladite démiffion) à moins que l'Officier vivant n'eût forfait. *Nota*, Que cet Árreft eft d'une grande confequence pour tous les Officiers, pour les moyens y énoncez, de l'obtention duquel le fieur F. B. l'aifné a contribué : Maiftre des Aguets Avocat du nommé Ledran neveu du fieur Feüillet cy-deffus, a foûtenu que quand l'Officier Chef a donné fes Provifions , & fait recevoir un Officier, qu'il a confommé fon droit & pouvoir, s'entend lors qu'il n'y a point de caufes de nullitez aux Provifions, qu'icelles & l'enregiftrement ne font fujets à revifion, &c. Lifez le fufdit Arreft.

Tous fes derniers Officiers, *ad honores*, font fans gages, quoy qu'ils ayent des Provifions, chacune portant fix cens livres par an.

Nota, Que le temps paffé, & encore à l'avenement de feu Monfieur le Duc de Boüillon la Márck dernier mort, il n'y avoit que des Tailleurs Suiffes qui faifoient leurs habits ; le dernier environ l'an 1638. étoit un nommé Mixel : Apres ledit Seigneur fit des Tailleurs François, nommez d'Ozias & Perrez ; Monfieur le Marquis de Vvardes en a fait un troifiefme nommé Katart ; Et en 1670. au deüil de Madame la Ducheffe d'Orleans, fœur de Charles II. Roy d'Angleterre Regnant, qui fut comme un deüil de Reyne, les Tailleurs de la grande Efcurie, fous l'authorité de la Charge de Grand Efcuyer de France Monfieur le Comte d'Armagnac, par entreprife contre les Tailleurs de la Compagnie des cent Suiffes, firent les habits de deüil pour la mefme Compagnie. Neantmoins les chofes ayant efté éclaircies, ces derniers des mefmes cent Suiffes recommencerent à travailler pour icelle, & firent les habits des Suiffes pour l'année 1671. & ont depuis continué.

E

Il couſte au Roy par an depuis l'an 1662. juſques à preſent, pour 136. livres habits de Suiſſes, des cent de la Garde ordinaire de ſon Corps, ceux des places des Officiers compris, la ſomme de 374. livres 11. ſols ſix deniers : Pour chaque habit de Suiſſe dans l'Ordonnance cy-deſſous, il n'eſt marqué que 283. livres 14. ſols 9. deniers pour chacun.

Les Officiers prennent les habits de leurs places en argent, à proportion qu'ils ont des places chacun annexées à leurs Charges, & ils en ont plus ou moins d'annexées ſuivant leurs differentes Creations.

Vers l'année 1670. & 1671. Monſieur Brochand fourniſſant les livrées & habits des Eſcuries & de la Maiſon du Roy, receut pour iceux une ſomme de 77000. livres.

La dépenſe pour les habits des cent Suiſſes pour l'an 1672. étoit de 36508. livres 15. ſols, ſauf erreur.

La precedente de l'an 1671. n'eſtoit pas ſi forte, ſi on en croit l'ordre qui ſuit.

C O P I E.

Garde de mon Treſor Royal Maiſtre Eſtienne Ieannot ſieur de Bartillat, payez comptant au Treſorier de mes Eſcuries Maiſtre Pierre Maugis Deſgranges la ſomme de 33133. livres 15. ſols, pour employer au fait de ſa Charge, meſme au payement de la dépence que j'ay ordonné eſtre à faire pour les habillemens de mes livrées de la Compagnie des cent Suiſſes de ma garde, pendant l'année 1671. enſemble de trente-ſix habits d'Officiers, & de ceux des deux Lieutenans de la Compagnie : Sçavoir les habits des Suiſſes à raiſon de 283. livres 14. ſols 9. deniers chacun, ceux des Officiers à 120. livres auſſi chacun, & ceux des Lieutenans à 440. livres pour les deux compris, trente livres pour les deux portes caiſſes, étuis à fifre & cordons : Fait à ſaint Germain en Laye le 22. jour d'Avril 1672.

Comptant au Treſor Royal au premier Iuillet 1672.

Signé, Louis, *bon Louys & plus bas* Colbert.

En l'an 1662. on a augmenté les places pour les Officiers juſqu'au nombre de trente six, auparavant il n'y en avoit pas tant, parce qu'il n'y avoit pas tant d'Officiers ; les anciens estoient, sont & doivent demeurer dans le nombre de cent places, & non les distinguer pour bonnes raisons, que l'on pourroit habiller les Suisses, & non les Officiers, iceux estant extraits dudit nombre des anciennes cent places. Il en va de mesme pour les payes des places chez les Tresoriers.

A present c'est Monsieur du Mets, qui est Garde du Tresor Royal.

On n'employe point icy les noms des treize Privilegiez de la Compagnie des cent, compris les Officiers Suisses qui sont de ce nombre, specifiez dans une liste inserée au Livre intitulé, *Recüeil d'aucuns titres touchant quelques Privileges de la Nation*, non suivant leurs qualitez, mais de leurs Enregistremens à la Cour des Aydes, en vertu des Declarations du Roy & Arrest de son Conseil, & de ladite Cour, depuis l'an 1620. & 25. Ianvier 1625. que les cent Suisses ont esté reduits à cedit nombre de treize, pour estre un de chaque Canton des Suisses.

EXTRAICT DE QVELQVES STATVTS

touchant le Service & Police de la Compagnie des cent Gardes Suisses ordinaires du Corps du Roy.

1. DOit avoir un Exempt tous les jours indifferemment, qu'il y ait Commandement ou nom au logis de sa Majesté, dans la salle & lieu servant de Corps-de-garde, marqué pour la Compagnie à sept heures du matin, jusques à ce que le Guet soit appellé pour voir si les Compagnons y sont, & les y faire demeurer ; qui aura aux lieux de sejour un Fourier des la susdite heure prés de luy, pour en cas d'ordre l'envoyer avertir la Compagnie d'iceluy : commençant par Monsieur le Capitaine Colonel, les Officiers ordinaires, qui sont Messieurs les Lieutenans & Enseigne.

L'article cy-dessus a esté commnnniqué & approuvé ainsi que les autres suivans. Si un Exempt eût répondu, comment se trouver à sept heures du matin, le Roy ne se couchant platost qu'à une, deux, & quelquefois à trois heures apres minuit ; on luy auroit répondu, puis qu'il y a à present deux Exempts en quartier, celuy qui ne sera demeuré au Guet viendra à ladite heure de sept heures du matin (Notez) de la diligence des Exempts dépend l'exactitude du Service, ils le peuvent & doivent estre, ne servant que trois mois, ou plustost presque que six semaine chacun en toute une année.

2. Le Fourier ne partira de la maison du Roy & salle, sans avertir l'Officier au dessus de luy, particulierement celuy de jour qui répond du Service.

3. Aucun Compagnon ne sortira de la salle & maison du Roy, sans permission de l'Officier ; que si l'Officier n'y est pas, il doit l'attendre, tant & si longuement qu'il demeurera dehors, sur peine de prison.

4. Aucun Compagnon n'entrera dans la maison du Roy, ny n'en sortira pour aller disner, souper ou autrement, sans son halebarde, soit du Guet ou d'Escoüade, sur peine de deux livres.

Cet article a esté observé de toute ancienneté, il y a peine de prison, 4. livres d'amande.

5. Le Guet ira difner à neuf heures du matin, pour eftre de retour à onze heures fonnées, & fouper à quatre heures apres midy, pour revenir à fix heures, toûjours avec la permiffion de l'Officier; l'Efcoüade fe trouvera reciproquement tous les jours à neuf heures precifes du matin au logis du Roy, pour s'en retourner apres midy fonné, s'entend la Meffe, & à quatre heures apres midy precife, pour s'en retourner apres huit heures fonnées du foir, particulierement en Efté, ainfi toûjours avec la permiffion de l'Officier fur peine de prifon, ou 4. livres.

6. Aucun Compagnon du Guet, d'Efcoüade ou autrement, ne partira de la maifon du Roy, quoy que l'heure venuë d'aller prendre le repas, fans la permiffion de l'Officier, fur peine de chaftiment.

7. Tous ceux du Guet fortiront enfemble, ceux d'Efcoüades de mefmes, toûjours chacun avec fon halebarde & permiffion de l'Officier; ceux qui fortiront feuls fans attendre le gros, feront envoyez en prifon pour une nuit.

8. S'il arrive Service à faire extraordinaire, chacun fera ce qui luy fera commandé extraordinairement, fur peine de perdre 4. livres de fa folde, qui feront arreftez chez le Treforier en vertu d'un mot de la main de l'Officier Commandant.

9. Toutes les Feftes & Dimanches chaque Compagnon fe trouverra au logis du Roy, réglément au plus tart à heures du matin, toûjours avec fon halebarde & toque, fans qu'il foit befoin d'un commandement, la Compagnie eftant ordinaire, fur peine de 4. livres d'amande.

10. Aucun Compagnon ne fortira des Eglifes où le Roy fera, ny ne s'en retournera pour loing qu'il demeure, & tard qu'il foit, fans la permiffion de l'Officier, fur peine de 4. livres.

11. Qui viendra yvre au logis du Roy fera envoyé en prifon, & perdra 5. livres de fa folte pour la premiere fois.

12. Qui joüera dans la maifon du Roy avec quelque perfonne, & jeu que ce foit, fans la permiffion de l'Officier, ira en prifon.

13. Les joüeurs joüant par permiffion, s'il furvient commandement, toute partie fera rompuë; comme fi elle n'avoit efté commencée.

14. Qui jurera le Nom de Dieu, des Sacremens, de la Vierge, des Saints, ou autrement, perdra dix livres de fa folde pour la premiere fois; pour la feconde un mois entier, & pour la troifief-

me, mis hors de folde & interdit.

15. Qui démentira fon Compagnon, ou dira des vilenies, ira en prifon, & obligé au retour de demander pardon à fon Compagnon, & à toute la Compagnie, qui n'en voudroit rien faire, remis en prifon, & perdra 5. livres deffus fa folde.

16. Qui prendra quelque chofe reftituera, outre ce ira en prifon & perdra 5. liv. & tant qu'il n'aura reftitué ne iouïra de fa folde, avec laquelle on payera le larcin iufqu'à la concurrence d'iceluy pour la premiere fois.

17. Qui fera offencé ou non, fera reproche & invective à fon Compagnon, foit pour fe vanger ou autrement, en luy difant mefmes des chofes veritables dans lefquels il feroit tombé; en ayant efté chaftié ou non, iceluy qui ainfi en ufera perdra 4. livres pour la premiere fois.

18. Nul ne pourra faire fon guet, efcoüade, coucher pour luy une nuit, un iour, fans la permiffion de l'Officier, fur peine de prifon.

19. Qui manquera à fe trouver au guet, ou s'y trouvera yvre, fera chaftié comme s'il avoit efté abfent, qui eft de perdre 6. livres pour la premiere fois, la feconde à la difcretion de l'Officier, & la troifiefme interdit.

20. Aucun Compagnon un an apres fa reception à la Compagnie, ne pourra eftre reputé ignorer les prefentes Statuts, encourera les peines y contenuës s'il y contrevient, & ne pourra paroître fous les armes avec pourpoint, iufte-à-corps, manteau & bas gris, ny mefmes d'autres couleurs & livrées, finon de celle du Roy, qui eft de blanc, bleu & rouge, fur peine de perdre fon habit, & arreft de fa folde tant qu'il ne fera veftu des livrées du Roy.

21. Aucun Compagnon ne refufera d'obeïr à quiconque des Officiers qui le commandera, s'agiffant du fervice du Roy, quoy que ce ne fût fon rang d'aller, fur peine de perdre un tiers de mois de fa folde; celuy pour qui il fera allé ayant manqué de fe trouver, perdra quinze livres, le tout neantmoins à la difcretion de l'Officier.

22. Qui ira en Commiffion où il y a profit, quoy mefme que ce fût fon rang, fera obligé de faire faire fon Efcoüade, fur peine de perdre autant deffus fa folde, que le profit pourroit monter; & qui ira outre fon rang ayant prevenu ou furpris l'Officier, iceluy perdra deffus fa folde deux fois autant que montera fon profit,

dont la moitié sera distribué à celuy à qui c'étoit à aller.

23. Qui est agresseur & cause de querelle, voit quereller ou battre ne l'empesche, le pouvant faire, sera chastié comme les querelleurs mesmes.

24. Qui appellera en duel sera interdit de sa Charge, & perdra un an de solde ; qui aura esté appellé se trouvera sur le lieu en perdra six mois.

25. Qui se battra contre un de ses Compagnons par rencontre inopinée, perdra deux mois de sa solde, à la discretion toutefois de l'Officier, selon la griéveté de la batterie & mal.

26. Qui sçaura les querelles, appels & batteries, n'en sera venu avertir l'Officier dans le temps pour y pouvoir remedier, sera chastié ainsi que les querelleux & duelistes, & neantmoins à la discretion de l'Officier.

27. Quiconques découchera trois nuits le quartier du Roy, quoy qu'il ne soit de Service, c'est à dire de Guet ny d'Escouade, sans la permission de l'Officier, perdra un mois de ses gages, & sera mis en prison au moins trois iours & trois nuits, ou autant de temps qu'il aura découché dehors le quartier.

28. Quiconque des Compagnons ne se contentera des logemens qui luy sera marqué par le Fourier, & en marquera & prendra luy-mesme, ou un autre ira en prison au premier lieu de sejour & perdra trois livres.

29. Nul des Compagnons n'intentera procés, ny ne reconnoistra & respondra pour cas criminel à aucun Iuge, hors de celuy de la maison du Roy, sans l'avis & permission de l'Officier, sur peine d'estre chastié selon le procez que sera.

30. Aucun ne pourra tenir brelans, tabacs, entretenir garces à la suite de la Cour ny ailleurs, sur peine d'estre interdit.

31. Il est loisible à tout Officier tel qu'il soit, pour quelque chose que ce puisse estre, d'envoyer en prison tel Compagnon qu'il iugera coupable, avec les peines portées par ses presentes, à condition d'en avertir en suite au plustost qu'il pourra en la maniere accoustumée, le premier Officier plus haut que luy s'il est dans le quartier du Roy.

32. Si l'Officier manque à faire observer les articles cy-dessus, & devant marquées, iceluy perdra sur la paye de ses places autant à quoy monte le chastiment & peine pecuniere du Compagnon, dequoy un chacun sera tenu & bien venu de donner avis.

33. Afin que les Treforiers foient exacts à retenir les fommes des picures, amandes & peines pecuniaires, & fuivant les billets & avertiffemens que les Officiers fervans font tenus leur en envoyer de temps en temps, à mefure & felon que les Compagnons manquerons, eft attribué à iceux le quart defdites amandes, & au Clerc duquel qui les appelle au Guet, autant de celles qui proviendront de ceux qu'il aura mené en prifon, lefquelles fommes fe mettront à la fin de toutes les années entre les mains de l'Enfeigne, lequel tous les premiers iours des ans, ou premier enfuivant, arreftera le compte defdites amandes avec le Treforier, qui rapportera les trois quarts d'icelles ; defquelles apres en avoir ofté le huictiefme pour le Clerc du Guet, ce qui reftera fous le bon plaifir de Monfieur le Capitaine Colonel de la Compagnie, fera diftribué à tous les Compagnons qui ne feront tombez en faute, au moins depuis les trois precedens mois dudit arrefté, fuppofé qu'il n'y ait quelque urgente dépenfe à faire qui regarde le fervice du Corps.

NOus Marquis de Vvardes, Capitaine Colonel des Cent Suiffes du Roy : Difons, apres que les articles nous ont efté prefentées, les avoir approuvées, confirmées, que nous entendons qu'elles foient leuës tous les ans, deux, au moins une fois . à tous les retours de Campagnes , ou grands voyages, & commencemens de chaque année, & ponctuellement obfervées, fur les peines y portées. A Paris Sa Majefté y eftant, dans le Chafteau du Louvre le premier Ianvier 1656.

LA MANIERE DONT IADIS ON FAISOIT

tous les ans faire le serment de fidelité à la Compagnie des Cent Suisses du Roy, tiré des Statuts d'icelle, suivi & observé par les Colonels Frœlich, Touguener, Greder de ce dernier en 1576. BaltaZar, de Greffach, Gælati, Fœquely, D'affry & autres és années successives, que moy François Besson l'aisné Escuyer, Officier de Pere en fils, Doyen & Veteran de la susdite Compagnie, atteste avoir entendu lire aux Suisses de sa Majesté, du temps des feus Capitaines, Schleipffer, Hintz, Demon pere, qui a esté de ce Corps pendant une cinquantaine d'années, & aussi du mien, apres la lecture des Ordonnances, entr'autre des quatre points suivans, que j'ay traduit d'Alleman en François : Les Soldats ayant main-levée répondoient : Ie me soûmets à tout ce qui me vient d'estre lû, & promets le maintenir sur ma Foy, comme je veux que Dieu m'ayde.

1. VOus tous Suisses des cent de la garde ordinaire du Corps du Roy, reconnoissez vostre Chef, Capitaine, Lieutenant & Officiers de nostre Nation de cette presente Compagnie, pour vos Iuges, des fautes & contraventions qui se pourroient commettre contre le service & extentions de ce qui vous est lû & dit presentement.

2. Servirez sa Royale Majesté par tout, envers & contre tous, excepté contre nos Souverains Seigneurs, Superieurs des loüables Cantons.

3. Serez payez le troisiesme iour de chaque mois par avance ; & si quelqu'un s'en alloit sans l'achever, & par delà iceluy sans congé, sera chastié corporellement.

4. Si quelqu'un est trouvé querellant, s'entrebattant, & qu'il arrive meurtre, qu'il sera jugé par les Chefs & Officiers Suisses, tant de cettedite Compagnie, que des autres Corps de nostre Nation, qui appelleront le Grand Iuge & Greffier de la Compagnie

F

generalle, ou du Regiment des Gardes Suiſſes, pour faire le procez au delinquant ſuivant ſon démerite, conformément au droit uſité en Suiſſe, & la rigueur des Ordonnances Militaires.

En mil ſix cens &   lors que le feu Roy Louys XIII. eſtoit devant Nancy, eſtant ſurvenu different entre quelques-uns des cent Suiſſes du Roy, le Colonel Daffry leur Lieutenant de leur Nation, empeſcha le ſieur de la Chau Lieutenant François deſdits cent Suiſſes, d'entrer dans le lieu où l'aſſemblée des Officiers Suiſſes ſe tenoit pour le regler, luy diſant qu'il n'avoit affaire où les Suiſſes étoient pour les affaires concernant la Iuſtice & la Diſcipline de cette Nation : Ce ſieur de la Chau s'en fut plaindre au Roy; mais ſa Majeſté eſtant informée du ſujet de l'aſſemblée des ſuſdits Officiers, luy dit qu'il n'avoit que faire parmy les Suiſſes, où il ne s'agiſſoit point de faire entendre ſes Ordres.

REGLEMENT FAIT PAR FEV MONSIEVR

le Duc de Boüillon la Marck, Capitaine Colonel des Cent Suiſſes en cette qualité, au ſujet d'un differend entre les Exempts de la Compagnie deſdits cent Suiſſes, mandez en Cour lors de la premiere guerre de Paris, pour y ſervir tous ſi bien, ceux hors, que de quartier, ainſi qu'ils ont fait, à Saint Germain en Laye où ſa Majeſté eſtoit audit temps.

NOus Henry Robert de la Marck &, &c. Sçavoir faiſons, que ſur le differend meu entre les Exempts pour la preſeance dans les Marches & Commandemens, afin de faire obſerver plus exactement le ſervice du Roy, & par noſtredite Compagnie. Voulons premierement que les deux Exemps, ſçavoir de chaque nation un, en chaque quartier, ſous noſtre charge, qui ſont & les autres, qui ſeronts de quartier à l'avenir ſoient & demeurent actuellement de jour l'un apres l'autre, dans la Salle & Corps-de-garde, & aupres de ſadite Majeſté, & égaux en fonction, tant aux commandemens, honneurs, que pour la Bouche-à-Cour, & les Ceremonies, pour par l'un des deux qui ſera de jour, ou de ſemaine, reſponſable de l'exactitude du ſervice, donner les

Nota, Que l'on envoye vingt-cinq Suisses à l'Eglise saint Remy, ordres pour iceluy aux Fouriers & aux Compagnons en l'absence de nos Lieutenans & Enseignes, à moins que celuy desdits Exempts qui a la droite & le pas par l'ancienneté de creation de sa Charge, s'attacha au service sans alternative de jour, pendant les trois mois de son quartier à demeurer chez le Roy, auquel cas la preseance luy demeurera durant sondit quartier. Secondement pour les Exempts qui ne sont de quartier, marcherons & prendrons la preseance entr'eux, suivant aussi l'ancienneté de creation de la Charge de chacun, sur lesquels Exempts, ceux de quartier seront toûjours preferez : Si mandons à nos Lieutenans & Enseignes de tenir la main à l'observation du present Reglement : Fait à Paris le Roy y estant, le 15. Avril 1650. Signé, HENRY DE LA MARCK, & seellé des armes dudit Seigneur *& contresigné de son commandement, par Widax seintain.*

DIFFERENTES MARCHES DE LA

Compagnie des Cent Suisses Gardes du Corps, selon les occasions qu'il y a eu, celle faite du Palais Cardinal, dit à present Royal; au Parlement dans le quartier de Iuillet de l'année 1651. pour la Majorité du Roy, qui y fut à cheval entouré des Seigneurs choisis, de Gouverneurs de Provinces, de Ducs & Pairs, Mareschaux de France, Princes, des Officiers de la Couronne, & des premiers & Grands de sa Maison, chacun en rang de la fonction de sa Charge: feu Monsieur le Duc de Boüillon la Marck Capitaine Co-

lonel n'y eſtoit pas, à cauſe de ſon grand âge & indiſpoſi-
tion, pour ce les Officiers commandans de la ſuſdite Com-
pagnie qui le repreſentoient monterent à cheval, qui etoient
Sçavoir,

	A cheval.	
A la gauche		**A la droite.**
Feu Mr Premont Lieute-	A cheval.	Feu Mr de Sainte Marie
nant Suiſſe.		Lieutenant François.
L'Exempt de quartier.	A pied.	L'Exempt S. de meſme.
Luty Fourier Suiſſe.		Chaſſot grand Fourier S.
Tambour.		Fifre.
Suiſſe.		Suiſſe.
S.		S.
S.		S.
Mr Beſſon l'aiſné fils,		Mr Beſſon pere, Enſeigne.
ſurvivantié d'Enſeigne.		portant le drapeau.
S.		S.
S.		S.
S.		S.
S.		S.

Grands Seigneurs. Tous à cheval. Gouverneurs de Provinces.
Officiers   de la Couronne.
Princes.   Princes.

Grand Eſcuyer de France.

Gardes Françoiſes.   du Corps.

G.	Eſcuyers	Le	Eſcuyers	G.
G. Lieutenans. à pied.	Roy.		à pied. Enſeignes	G.
G.	Capitaines des			G.
G.	Gardes.			G.
G.	Caroſſe de la Reyne Mere, dans lequel			G.
G.	eſtoit S. A. Royalle feu Monſieur le			G.
G.	Duc d'Orleans Oncle du Roy,			G.
	G.	Monſieur le Duc d'Anjou		G.
		G. frere du Roy, &c.		G.
	G.	G.	G.	G.

Cortege.
Suite.

Nota, Quand le Roy va au Palais tenir son lit de Iustice, que c'est à huis clos, on ne passe pas la porte du Parquet, ainsi qu'il arriva à l'instruction du procez de Monsieur le P environ en 1652. qui fut declaré digne de mort, &c.

Pour l'ordinaire le Capitaine Colonel des cent Suisses est avec sa Majesté en Carosse, s'entend que la Reyne n'y est pas.

Quand le Roy est à Cheval, il n'y a en ce cas que le Commandant de chaque Corps qui a droit d'y monter, comme il arriva le lendemain du Sacre de sa Majesté Louys XIV. glorieusement Regnant, à Rheims le huictiesme Iuin 1654. que l'on fit la Cavalcade de l'Archevesché à Saint Remy, & de cette derniere Eglise à la premiere ; les sieurs de Chambor & Premont Lieutenans, quoy qu'ils estoient presens, ne furent point à cette Cavalcade,

MARCHE DE LA CAVALCADE,
de la Cathedrale de Rheims à l'Eglife S. Remy.

MONSIEVR DE MONMEGE LORS VIVANT,
Capitaine Colonel, à Cheval feul.

Tous en habits de Ceremonie.

Gauche.		Droite.
	au quartier d'avril.	
Gafpard Vict. Ex.S.	A pied.	Du Meage Ex. F.
Luty Fourier Suiffe.		Chaffot G. Four. S.
Tambour.		Fifre.
Suiffe.		Suiffe.
S.		S.
S.		S.
S.		S.

Mr de Beffon l'aifné, Capitaine-Enfeigne,
avec fon Drapeau.

S.		S.
S.		S.
S.		S.
S.		S.

Gardes François. Les 4. Barons en oftage pour la Sainte Ampoule.
Ducs. Pairs.   Chevaliers   Marefchaux de France.
des ordres du Roy.

Officiers		de la Cour.
Gentils-hommes.		Becs de Corbin.

Efcuyers { L E } Efcuyers
à pied. { R o y } à pied.
Lieutenans. (A Cheval.) Enfeignes.
à pied.   à pied.
Capitaine des Gardes.

Exempts		des Gardes.

Autres Grands Seigneurs, Princes, & Officiers
de la Couronne.

Gardes.		Gardes.

Gardes.
Suites.

avec un Officier, & tambour battant, querir la sainte Ampoule, &
la conduire jusqu'à la porte du lieu où est sa Majesté.

AVTRE MARCHE LORS QVE LE ROY

*est en Carosse, qu'il plaist au Capitaine Colonel monter à
cheval à la teste de la Compagnie des cent Suisses, auquel cas*
N₿. *il n'y a que les Hauts Officiers qui y montent aussi, ainsi
qu'il est arrivé quand sa Majesté fut du vieux Louvre au
Parlement pour l'affaire des Iansenistes, comme il paroist
cy-suivant,* les Lieutenans estoient absens. dans le quartier dauril

MONSIEVR LE MARQVIS DE VVARDES
Capitaine Colonel,

Gauche.		Droite.
	Mr de Besson l'aisné, Capitaine-Enseigne,	
	aussi à Cheval.	
Le Sr Gaspard Fict Ex. S.	A pied.	Le Sr du Meage Ex. F.
Ancien Suisse.		Vn Fourier.
Tambour.		Fifre.
Suisse.		S.
S.		S.
S.		S.
S.		S.
	Porte-Manteau du Roy.	
	Chevaux du Carosse.	
Gardes Fr.		du Corps.
A		pied.
Gardes.	Valets Sa Majesté en Valets	Gardes.
	de Carosse, Mes- de	
Gardes.	pied sieurs les Ca- pied.	Gardes.
	pitaines des Gardes dedans, &c.	
Officiers des Gardes, Escuyer de quartier, Officiers des Gardes.		
	A cheval derriere le Carosse.	
Gardes.		Gardes.
	Commendans des Gendarmes.	
Gendarmes.		Gendarmes.

Nota, Dans la Compagnie des Cent Suisses le Capitaine est titulé de Colonel.

Les Lieutenans comme Lieutenans Colonels.

Les Enseignes, comme Majors de Regiments.

Les Exempts, comme Aydes-Majors.

Et les Fouriers comme Sergents, particulierement les Dimanches & les Festes, & aux Marches de la Compagnie en lieux de sejours, qu'ils ont leurs pertuisanes, & que le tambour bat.

EXTRAICT DE LA LETTRE DE MONSIEVR

de Saintot, Maistre des Ceremonies, écrite au sieur de Besson l'aisné Capitaine Enseigne, commandant les Suisses du Roy à Paris, auprés de la Reyne Christine de Suede, le huitiesme Septembre 1656. au sujet d'une contestation que Messieurs du corps de l'Hostel de Ville de cette Ville faisoient pour la Marche à l'entrée de cette Reyne, contre lesdits Suisses, reglé par Monsieur le Duc de Guise oncle du dernier mort.

EXTRAICT.

MONSIEVR, C'est pour vous dire qu'il est necessaire que tous les Suisses du Roy soient demain du matin à Conflans, & prier de les y commander, & faire trouver en plus grand nombre que vous pourrez, avec le tambour battant ; la question est reglée entre vous & Messieurs de la Ville, vous marcherez immediatement devant la Reyne, il ne restera de ses Messieurs derriere vous que ceux qui porteront le Dais.

AV MARIAGE.

Marche de la Compagnie des cent Suisses, depuis la porte de la sale dans l'Isle de la Conference, dans la Riviere de.... entre la France & l'Espagne, au dessus de Fontarabie, le long du pont de batteaux d'icelle, iusques à un autre pont stable de bois, sur un ruisseau au pied de la montagne où on se rangea en haye pour laisser passer le Roy, l'Infante, la Reyne Mere, & toute la Cour.

Celle de la Compagnie des mesmes cent Suisses en la ceremonie du mariage du Roy Louys XIV. le huictiesme Iuin 1660. à saint Iean de Lus, depuis la maison où logeoit la Reyne Mere, *Cibour, village de l'autre costé du pont de celuy de S. Iean de Lus.* dans laquelle l'Infante future Epouse du Roy étoit, où sa Majesté se rendit iusques dans l'Eglise principale dudit lieu, où les Officiers & partie des soldats gardes de ladite Compagnie entrerent leur Drapeau déployé, tambour battant & fifre joüant ; on avoit fait une espece de pont ou gallerie de planches, posées sur des rambourdes sur le pavé, sans élevation, que de l'épaisseur desdites lambourdes & planches, & des barrieres & gardes fols le long de ladite galerie à hauteur d'appuy, le Roy, les Reynes, & tout le monde de la ceremonie, & autres en marche estoient à pied ; Monsieur le Marquis de Vvardes Capitaine Colonel à la teste de la Compagnie, quelquefois auprés du Roy marchant devant sa Maiesté : Monsieur Diesbach Premon Lieutenant Suisse apres ; apres lequel marchoit le sieur Gasp. Fict Exempt Suisse, à sa gauche le sieur de la Coste François, pour Exempt ordinaire de ladite Compagnie ; environ à un tiers de la Compagnie marchoit Mr de Besson l'aisné Capitaine-Enseigne, portant le Drapeau déployé.

LA MARCHE A L'ENTRE'E ROYALE
de la Reyne Marie Therese d'Auſtriche dans Paris, le 27. Iuillet 1660. le Roy eſtant à Cheval, revenant de l'épouſer à S. Iean de Lus.

MONSIEVR LE MARQVIS DE VVARDES
Capitaine Colonel, ſeul à Cheval.

Gauche.		Droite.
Mr de Beſſon l'aiſné, Enſeig. S. (A pied.)		Mr Dary Lieut. F. à pied.
Le Sr Beauregard Ex. F. (de quartier.]		Le Sr Meſtre Ex. Suiſſe.
Le Sr Scherer Ex. S. [hors de quartier.]		Le Sr de Lumeau E. F.
Luti Fourier de quartier. Le Gr. Fourier S.		Benjam Fict.

	Tambour.	Fifre.
	Suiſſe.	S.
	S.	S.

Le Sr S. Silveſtre Ex. François.   Le S. Beſſon Rozefort Statthalter.

Mr Yvonnet Sr de Moulineaux, nouveau premier
creé Enſeigne François de ſemeſtre, à cauſe de
ce portant le Drapeau.

Le Sr Dabon Lacheſnay, E. F. ord.		Le Sr Gaſp. Fict Ex. Suiſſe.
Pour le Sr du Meage abſent.		
S.		S.
S.		S.
Le Sr H. Dabon Fourier F.		Le Sr Paſtor Gr. Fr.

Grand Eſcuyer.

Chevaliers, Seigneurs, Gouverneurs, Ducs, Pairs, Mareſchaux.
Officiers de la Couronne.   Princes.

Garde.	Eſcuyers ⎰ Lᴇ ⎱ Eſcuyers	Garde.
G. Lieutenans. à pied. ⎰ Roy. ⎱ à pied.		Enſeignes G.
G.	La Reyne ſur ſa Caleſche ou Char	G.
G.	ſous le Dais.	G.

Cortege.

Nota, Que Monſieur de Premon Lieutenant Suiſſe au temps de cette Entrée, eſtoit à ſa Compagnie Franche en garniſon à Perpignan.

Le ſieur Bardon du Meage Exempt François, eſtoit auſſi abſent.

MARCHE DE LA COMPAGNIE

des cent Suisses à la Ceremonie des Chevaliers, pour le Samedy à Vespres dernier iour de l'an 1661. & Dimanche premier iour de l'an 1662. devant la Messe; il y avoit un pont de bois dressé depuis l'Hostel de Luynes iusqu'au bas & entrée du Chœur dans l'Eglise des Augustins du grand Convent.

[endroit du bout du pont st michel.]

MONSIEVR LE CAPITAINE COLONEL FAIT
Chevalier des Ordres du Roy en cette Ceremonie, que luy
a acquis sa Charge ainsi que sa Naissance.

Gauche.   Tous à pied.   Droite.

Feu Mr Premon Lieutenant S.   Mr Daty Lieutenant François.

Mr de Besson l'aisné, Enseigne Suisse.

Le Sr Lhuilié Ex. Fr.   [de quartier.]   Le Sr Besson Rozefort
Statthalter vulg. premier Ex. S.

Le Sr I. Scherer Ex. S. [hors de quartier.] Le Sr Levesque Ex. F.

Le Sr Pastor Gr. Fourier F.   Le Sr Benjam Fict Gr. Fourier S.

En quartier.   Hors de quartier.

Tambour.   Fifre.

S.   S.

Le Sr Beauregard Ex. F.   Le Sr Mestre Ex. S.

Drapeau porté par Mr de Moulineau Enseigne François,
encore de Semestre auparavant la Messe.

L'Ex. ord. à la place du Sr G. Fict Ex. S. Le Sr Gasp. Fict E. S. à la place.
Qui tenoit celle du Sr du Meage Ex. F.   Du Sr du Meage Ex. F. *absnt.*

Luty Fourier Suisse.   H. Dabon Fourier François.

A la   serrefile.

Les Seigneurs.
Chevaliers à faire.

La Marche de la Compagnie va iusqu'à la porte du Chœur, depuis laquelle elle forme sa haye des deux costez pour faire place, & laisser passer sa Maiesté & les Chevaliers faits & ceux à faire dans le Chœur, & gardent la Nef de l'Eglise ; apres le service accompagnent le Roy tambour battant iusques à la porte de la salle du festin, cela s'entend aussi apres la Messe & la Ceremonie faites des Chevaliers.   G ij

CEREMONIE POVR MESME PROFESSION
des Chevaliers.

MARCHE DE LA COMPAGNIE DE
la mesme Ceremonie dudit jour premier de l'an 1662. aprés la Messe que le quartier des Officiers se releve.

CAPITAINE COLONEL CHEVALIER.

Gauche.		Droite.
Lieutenant Suisse.		Lieutenant François.

De Moulineaux Enseigne François,
hors de Semestre.

Scherer Exempt Suisse.	(En quartier.)	Croyers dit Levesq. Ex. F.
Beauregard Ex. Fr.	(hors de quartier.)	Mestre, Ex. Suisse.
Luty Fourier Suisse.		Benjam Fict. Gr. Fourier Suisse.
Tambour.		Fifre.
Suisse.		Suisse.
S.		S.
S.		S.
L'Huilier Exempt François.		H. R. Besson Rozefort,

Statthalter d'Exempt Suisse.

Mr de Besson l'aisné Enseigne Suisse,
de Semestre avec le Drapeau.

L'Ex. ord. à la place de G. Fict. Ex. S.	G. Fict. Ex. S. à la place.
Qui tenoit celle de Meage Ex. F.	De du Meage, Ex. Fr.
Fifre.	Tambour.
S.	S.
S.	S.
S.	S.

Deux Fouriers François. A la serrefile. Premier & Gr. Fourier Fr.

Les Suisses portent les viandes du festin des Chevaliers, dont la descerte leur appartient apres le festin ; apres se remettent en rang pour les Vespres, à l'issuë desquels reconduisent sa Maiesté, marchant devant elle à l'ordinaire iusques à la premiere porte de la salle des gardes François du Corps, ou de l'escalier en bas selon les lieux.

Lors qu'il y a Sermon hors la Maison du Roy ; par exemple dans une Eglise comme à saint Germain de l'Auxerrois , Paroisse à Paris de sa Majesté, les Suisses n'avance qu'à environ un tiers de la Nef en deça de la Chaire à Prescher, & se rangent en haye pour faire place & laisser passer la Cour ; la prudence de l'Officier doit agir avec ses gens pour débarasser les lieux lors qu'ils sont petits, & éviter confusion & bruit.

Quand c'est à la Messe dans une Chapelle sans balustre, on ne passe le Benitier ; s'il y a balustre on avance iusques proche d'ice-luy, comme aux Peres de l'Oratoire, Feüillans, & à saint Germain en Laye, tambour battant si c'est Festes & Dimanches.

Quand le Roy touche, la Compagnie Marche sur deux files de-vant sa Maiesté, devant les malades tambour battant.

Aux Baptesmes Royaux d'enfant de France, les Suisses marchent devant les enfans tambour battant, Enseigne déployé, & ont chacun un cierge à la main ; si c'est dans une Eglise font haïes des deux costez, & gardes les portes & barrieres ; c'est ce qui se prati-quoit.

En Processions Royales les Suisses marchent devant le Roy, & ne laissent personne entr'eux & sa Maiesté que la Croix & la Mu-sique.

A un enterrement marchent devant le Corps , le drapeau & le tambour couvert d'un crespe , la marche n'est battuë à l'ordinaire, les Suisses portent les fers de leurs halebardes en bas iusques à la porte du Chœur , font hayes, gardes les portes de la Nef & bar-rieres, le Capitaine Colonel & l'Enseigne avec le drapeau entrent dedans le Chœur, apres le Corps ; si c'est de teste couronnée , du Souverain, se tient à costé du deffunt iusqu'à ce que la Messe soit faite ; & lors que l'on met le corps dans le caveau, le Capitaine prend le drapeau de l'Enseigne pour y estre mis des premiers, (ou en fait le semblant :) La Ceremonie faite les Suisses portent les viandes devant les Princes, Ambassadeurs & le Parlement, & les viandes sont pour eux avec les tantures de velours , draps & ar-moiries qui sont dans la Nef, avec les barrieres & eschaffaux qu'ils ont gardé, de mesme qu'à des mariages, ballets & autres ce-remonies ; outre ce ils ont des ordonnances , les Officiers presens ont des chaînes d'or , medalles & habits extraordinaires , dans les Maioritez, Mariages, Sacres & Drapeaux nouveaux , sur lesquels les Roys donnent souvent de nouvelles devises ; la derniere qui subsiste encore sur les drapeaux de la Compagnie est ainsi, *Ea est fiducia Gentis*, à la fidelité on connoist la Nation.

Aux Entrées communes les Suisses marchent toûjours devant tambour battant, ne laissent personne entre sa Majesté & eux que les tambours & trompettes de la Chambre, les Chevaliers de ses Ordres, Grand Escuyer, le Connestable ; Excepte ces derniers, l'entrée dans Bordeaux en octobre 1650. cet ordre fut observé, où moy Besson estoit ainsi qu'aux obseques de Louys XIII. à saint Denis en 1643.

Aux Bals, Balets & Comedies, il n'y a autre Ceremonie qu'à garder les barrieres ; si c'est dans la salle des gardes François du Corps, qui sert de nuit de Corps-de-garde, les douze Suisses du guet ont part aux Bougies ; j'ay vû pratiquer cela à un Balet qui fut dansé au vieux Louvre par le feu Roy, peu auparavant l'arrest de la personne de Monsieur de Puylaurens, neveu de Monsieur le Cardinal de Richelieu.

En veuë ou païs ennemy les cent Suisses se mettent & marchent devant le Regiment des gardes & Compagnie generale dudit Regimenr de leur Nation, ainsi qu'ils firent en ordre de Bataille à la Teste desdites Troupes toute une journée, depuis la hauteur de Guise jusques à l'Abbaye de Haumont, au commencement de la reception de Monsieur de Vvardes à la Charge de Capitaine Colonel des cent Suisses, & de la Campagne de l'année 1655. Monsieur Daty Lieutenant François & moy Besson l'aisné estions à pied à la Teste, & les sieurs Mestre & Beauregard Exempts sur les aisles, & les deux Fouriers à la serrefile : Nous fusmes postez à my-costé sous les fenestres de la Chambre du Roy, il n'est permis de se loger soy-mesme, & aller loger ailleurs qu'à l'endroit qui est marqué par le Mareschal de Camp, & de la Maison du Roy.

CEREMONIES ANNVELLES,
où il y a des Suisses du Roy.

VErs les commencemens des années il y a des Pains-benits que le Roy rend, & comme à Pasques, à la Messe de minuit, & le iour de la Feste du Roy, conduit par un Exempt ou Fourier de quartier, avec seize ou dix-huit Suisses le tambour & le fifre, il y a pour cela une retribution d'une vingtaine d'escus.

Au 22. Mars pour la Reduction de Paris, on envoye environ une douzaine de Suisses aux Augustins du grand Convent, avec un Exempt ou un Fourier ; il y a aussi une petite retribution.

Le 14. May, ou en autres iours que l'on fait les services du dernier Roy mort, on envoye à saint Denis pour assister à la ceremonie du Service six ou huit Suisses, avec un Exempt ou Fourier.

Au 24. Iuin, si le Roy va à l'Hostel de Ville pour le feu de la saint Iean, on envoye six Suisses devant.

Environ au 15. d'Aoust, si le Roy va à la Tragedie des Iesuistes de la ruë saint Iacques, on envoye des Suisses devant, qui gardent les Barrieres.

Quand le Roy va au Parlement on envoye huit ou dix Suisses devant ; si on en demande, pour garder les premieres Barrieres avec un Exempt ou Fourier, selon, il y a ordonnance pour cela.

Il y en avoit autrefois aux retours des voyages, & aux estrennes.

Il y a Procession à la Nostre-Dame d'Aoust, ainsi qu'à la Feste Dieu & à la Chandeleur., &c. *retribution*.

La Compagnie des cent Suisses est divisée en six guets par an ; il y a à chaque guet douze compagnons, qui couchent sur quatre

paillasses separées, mélez alternativement entre & avec les autres gardes Escossois & François du Corps, dans mesme sale exprés, afin que si une Nation pouvoit estre corrompuë, les autres
ne l'estant pas, qu'il ne se passa rien au prejudice du service du
Roy, chacun pendant deux mois durant de chaque année, & outre ce en deux, trois, & quelquefois quatre escoüades, ainsi qu'il
plaist à l'Officier commandant, souvent & pour l'ordinaire en
trois escoüades chacune, composée presque toûjours d'environ
vingt-cinq hommes, elles pourroient estre de plus au pied de
quatre-vingt huit Suisses qu'il doit rester, le nombre de douze
pour le guet estant osté sur celuy de cent, s'il n'y avoit des vieil-
lards caducs, des malades, outre ce, six Suisses servans la Reyne,
autant auprés de Monsieur le Dauphin, un chez Monsieur le
Chancelier, & un chez Monsieur le Capitaine Colonel. *Nota*,
Que celuy ou ceux qui ont habit de Suisse du Roy chez Monsieur
le grand Escuyer, comme Chef de la Livrée de sa Majesté, ne sont
desdits cent.

Ses Escoüades pour soülager le guet, servir le jour & pendant
qu'iceluy va disner & souper, se changent tous les Dimanches,
& roulent ainsi tous les huit jours; ses mesmes escoüades &
guets ainsi établis pour l'exactitude du service & le soulagement
des hommes, qui ont tous leurs temps, jours & heures prescrits
& reglez, pour qu'ils ne manquent au service à leur devoir, ainsi
qu'il est marqué par les Statuts inserées au present discours.

Nota, Que celuy qui est du guet n'est point d'escoüade, ny celuy d'escoüade n'est point du guet en mesme temps, ce que l'Enseigne Suisse a ingenieusement & tres-judicieusement bien
ajusté en 1656. particulierement environ l'amy Aoust 1662. que
la Compagnie a esté augmentée de trente-six payes pour faire
cent halebardes, s'entend cent hommes gardes Suisses effectifs
portant la Livrée, car les tambours & fifres sont de ce nombre,
les payes & places des Officiers montant à environ celuy des
trente-six, à cause d'augmentation d'Officiers faits en 1648. &
encore depuis, & ce par l'ordre de Monsieur le Marquis de Vvardes Capitaine Colonel, lesquels guets & escoüades n'avoient jusqu'alors point esté ainsi faits.+

Quoy que cette Compagnie soit partagée par guets & escoüades à servir par temps alternativement comme dit est, elle ne
laisse d'estre ordinaire suivant son établissement pour ce sujet,
tous

tous les Dimanches & Feſtes dés le matin, tous ceux qui en ſont
& la compoſent, exceptez les Officiers hors de ſemeſtre & de quartiers, ſont obligez de ſe rendre au logis du Roy avec leurs halebardes, tocques & fraizes, pour eſtre à la Meſſe & aux Veſpres
de ſa Maieſté, & marcher en y allant devant elle ſur deux files, ou
ſe tenir en haye des deux coſtez iuſques aux portes du Chœur ou
des Baluſtres : Quand le Roy touche les malades d'Eſcroüelles
aux premiers iours des ans & des Feſtes ſolemnelles, marchent en
meſme ordre.

Eſt delivré par iour pour l'Officier qui fait appeller le guet & les
Suiſſes qui en ſont, que leur Clerc du guet va recevoir aux Offices
pour aporter & leur diſtribuer ſás en rié retenir, huit pintes de vin,
quatre pains d'aſſiette, ſix chandelles, ½ liv. chacun, huit pieces de
bois en Hyver, en Eſté que deux, ſçavoir depuis Paſques juſqu'à
la Touſſaints, une torche pour éclairer l'Officier apres le guet des
Suiſſes, appellé en meſme temps que l'on appelle celuy des autres
gardes, avec une chandelle ; il y a des pieces de viandes, pain &
vin de ſurcroiſt à chacune des quatre grandes Feſtes annuelles ſur
meſme pied que les gardes Eſcoſſois & François du corps, qui les
rend les uns & les autres Commençaux de la Maiſon du Roy.

Tous les Officiers ont bouche à Cour pendant qu'ils ſont de ſervice, chacun dans ſon année, ſemeſtre & quartier, les Lieutenans,
Enſeignes & Exempts aux tables du Roy tenuës par Monſieur le
grand Maiſtre & Meſſieurs les Maiſtres d'Hoſtel de ſa Majeſté, &
les Fouriers au Cerdeau chacun pendant ſon quartier, comme il ſe
voit par l'état qui ſuit, dreſſé par aucuns du Bureau, de ceux notez dans un Arreſt du Conſeil d'Eſtat rendu le neuvieſme May
1667.

Sous Cuſtodes ſans parties ouïes, qu'ils ont dit que le feu Roy
l'entendoit ainſi. Du 14. Decembre 1641.

A la Table de *M*onsieur le Grand *M*aistre.

Luy-mesme, & cinq Seigneurs.
Capitaine de la garde du Corps.
Les Escuyers en quartier.
Lieutenant des Gardes, ou Enseigne.
Lieutenant des Cent Suisses.
L'Exempt en jour.
L'Huissier de Chambre.
L'Aumosnier saint Roch.

A la Table de *M*essieurs les *M*aistres.

Trois Maistres d'Hostel.
Maistre d'Hostel ordinaire.
Maistre & Controlleur general.
Trois Controlleurs d'Offices. [*Provisions portent Clercs.*]
Deux Commis du Maistre & Controlleur General.
Vn Enseigne, ou Lieutenant des Gardes.
Le vieil Exempt des Gardes.
Vn Officier des Suisses. [*Cet Officier est l'Enseigne.*]
Vn Huissier de la Chambre.
Et un Aumosnier saint Roch.

Ordinairement à present 1651. mangent aux *T*ables : *A* celle de
*M*onsieur le Grand Maistre qui y vient rarement,
ou point du tout.

Les Lieutenant & Enseigne des Gardes Escossois, François &
Suisses.
Les Escuyers en quartier, & l'Escuyer ordinaire.
Les Exempts des susdites trois Nations.
Deux Huissiers de Chambre.
Deux Aumosniers saint Roch.
Vn ou deux Chevaux Legers anciens, par souffrance.
Le Fourier du Corps, un Mareschal des Logis, &c.
Vn Medecin, un Chirurgien.

A celle tenue par Messieurs les Maistres.

Trois Maiftres d'Hoftel de quartier, tres-fouvent 4. & 5.

Controlleur general, quatre Controlleurs d'Offices.

Vn Commis du Controlleur, deux Commis du Maiftre de la Chambre aux deniers.

Lieutenans ou Enfeignes des Gardes des trois Nations.

Des Exempts Efcoffois, François & Suiffes.

Deux Huiffiers de Chambre, quelques vieux Chevaux Legers & Gendarmes du Roy.

Deux Aumofniers de faint Roch, Clerc de Chapelle, & Chapelains du Roy.

Des Marefchanx des Logis du Roy.

Deux Chirurgiens.

Medecins & amis de Meffieurs du Bureau.

Notez qu'en la fufdite année 1667. il y eut quelques abus defcouverts au Bureau, à caufe du changement, joint l'augmention d'Officiers des Gardes François du Corps ; les viandes & mets plus joliment accommodez fur tables carrées, les plats en pyramides qui depuis font revenus environ au premier état.

Aux Feftes de la Chandeleur, Semaine Sainte, pour les Tenebres, au Ieudy Saint pour la Scene, & à la Fefte-Dieu, les Officiers des cent Suiffes qui fe rencontrent de fervices, ont cierges, heures & toille, avec des armoiries fur les cierges.

Aux Balets il y a pointes jaunes, pour les portes que tiennent les Suiffes, & bougies blanches pour les Officiers à la fruiterie.

Il y a 300 livres pour les paillaffes des Suiffes du guet, qui fe reçoive à la chambre aux deniers par leur Clerc du guet qui fert de Prevoft, menant les Suiffes en prifon fuivant les Commandemens qu'il en reçoit des Officiers.

GVETS POVR TOVTE L'ANNEE, DRESSEZ
depuis l'augmentation du 15. jour d'Aouſt 1661. ſuivant
l'intention de Monſieur le Capitaine Colonel.

Celuy de Ianvier & Fevrier 1663.

I. Bodminquer,	*Pour luy Vonaſche.*
Victor Kieffer,	*Au lieu de I. R'œtteli*, à la Reyne.
Houque,	
Friderich Hanker,	*De Gaſp Hartman*, à la Reyne.
Paſquier,	
H. Moran,	
Bodevin,	*David pour luy.*
Bachelart,	
Elie,	*Vvurſt pour luy.*
Patzet,	
Fr. Retourna.	*Perita*, Reyne.
Fr. Mouſſu.	

12

Guet de Mars & Avril 1663.

F. Glaſſon,	
C. Liane,	
M. Frants,	*Philippe Pidou à ſa placè.*
T. Frey,	
Am Sudan,	*Au lieu de Thomas Meſtſe.*
P. Berſer,	*Au lieu de Vvinkler.*
F. Maigni,	*Au lieu du Treſorier.*
D. Brochet,	
P. Faure,	*Au lieu de F. Rieſmer*, Reyne.
Chriſtofel Eyhorn,	*Au lieu de H. Hartman.*
T. Quintener,	
N. Salman,	

Reyne Mere.

12

Guet de *May* & *Iuin* à 61. jours 1663.

Duchefne,
Brodar,
Beifler,
Duparc,
Petit Mouffu Coufin,
H. Mouffu,
Schnourff,
Ilpran,
A. Moran,
F. Catel,
P. Exreman,
C. Grumion,

Au lieu de T. Hentzy, Reyne Mere.

Au lieu de H. Baufraire, caduc.
Au lieu de Georg Hartman.

12

Guet de *Iuillet* & *Aouft* 1662. & 1663.

Steiner dit la Pierre de Chantilli, Commiffionnaire pour Reiffy.
D. Mejer,
C. Brochet,
Ant. Koutzou,
Pere Gradou,
A. Mejer,
Matheis,
Baft Haman,
Gradou fils,
Tourich,
A. Glaffon,
Fr. Dufay.

Au lieu de F. Gatzet, Reyne.

Au lieu de P. Freÿ,

12

Guet de Septembre & Octobre 1662. & 1663.

H. Baufrere No	*Au lieu du Pere Brochet,* Reyne Mere.
M. Botzart,	*Chrift Houeber.*
H. Salman,	*Son 2. fils à furvivance, & fert pour luy.*
Fr. Turbau,	*Au lieu de Bondola.*
Noel Hurlart,	*Au lieu de Rabo.*
M. Guldi,	*Au lieu de H. Hentzy.*
F. Tarau,	
N. Robe,	
M. Bailly,	
Ia. Bourgeois,	
P. Grimos,	
C. Riefmer,	*Adjoufté pour douziefme.*

} Reyne Mere.

12

Guet de Novembre & Decembre 1662. & 1663.

C. Harfman,	
Tours Vick, apres Tzamoufin,)	*Au lieu de du Bac,* Reyne Mere.
Griva,	
P. Tembtz,	*I. Moufu Cadet au lieu de Boffan,* Reyne.
L. Tarau,	*Moutarde Commiffionnaire pour luy.*
VV. Hilarbert,	*Au lieu de I. Bodminguer,* Reyne Mere.
Plan,	
T. Kafer,	*Victor Eret, au lieu de Stoker.*
Zaller,	
Mizo,	
Lude Abermak,	*Au lieu du Clerc du Guet.*
A. Breton,	

12

En tout 72 hommes en Guets, compris
aucuns des Reynes, &c.

Notez que la plus grande partie des Soldats Suiſſes, particulierement ceux qui ne parlent qu'Aleman, ou ſont de Canton
de cette Langue, ſe nomment ſeulement par leurs noms de Ba-
pteſme, peut, ou ſobriquets ou noms de guerre. On differentie
ceux de meſme nom & ſurnom par Petit, Grand, Noir & Blanc,
& quelque choſe approchant de cela pour les reconnoiſtre.

Les trois Eſcoüades pendant chaque guet qui ſe renouvellent
& changent, chaque fois qu'un guet ſe renouvelle & change,
dans le nombre deſquelles chacune trois Eſcoüades & chaque
guet ſe rencontre le nombre de tous les Suiſſes de la Compagnie des cent, comprit le Treſorier & Clerc du guet, &c. Pour
l'année 1663. & les ſucceſſives.

ESCOUADE PREMIERE, PENDANT
le Guet de Ianvier & Feurier 1663. qui a 59 iours.

H Beiser.	**II. ESCOUADE.**
Leon Grimos.	F. Gradou Pere.
Reiffi.	Frants.
C. Brochet.	T. Quintener.
Biodart.	H. Mouffu.
Duparc.	A. Glaffon.
Matheis.	H. Salm Pere.
Tourich.	Bailly.
A. Mejer.	Plan.
Duchefne D'Zurayclé.	T. Fry.
Griva.	D. Brochet.
D. Mejer.	Schnourff.
Zaller.	C. Harfman.
M. Botzan.	F. Glaffon.
Bourgeois.	Ilpran.
F. Tarau.	F. Gradou, fils.
Vieux. GeorgHartman	Boffan.
V. H. Hartman.	F. Gatzer.
V. H. Baufraire.	G. Hartman.
V. Stocker.	Riefmer.
V. P. Fry, Mort.	Perita.
P. Hecht, dit Brochet.	Retely.
Du Bac.	Le Treforier en Exercice.
Thom. Meifter.	Clerc du guet.
H Hentzy.	Tambour & fifre pour un.
V. Bodminguer.	Nouveaux H. B. Elie.
Bondola.	La Pierre Chantilly o.
Vvinkler.	Capitaine o Vuvat 2. tábours.
Rabo.	Capitaine o Paffavant 2. fifre,
T. Hantzy.	Capitaine o Prunel.

Les neuf cy-levãt font à la Reyne Mere.

Les fix à la Reyne.

30

III. ESCOUADE.

III. ESCOVADE.

N. Robe.
L. Tarau.
A. Moran.
N. Salman.
Mizo.
Liane.
No, Vick.
Tembtz.
Humbert.
Kafer.
Abermak.
Breton.
C. Riefmer.
Guldi.
Hurlart.
Turbau.
H. Baufraire.
F. du Fay.
Haman.
Kourzou.
Grumion.
Ekreman.
Catel.
Blancha oder I. Kuentz.
Eyhorn.
Faure.
Maigny.
Berfet.
Sudan.

29

---

88. hommes & 12. au guet font cent, non compris Heyret-Kundner, & à ne compter le Tambour & Fifre que pour un, qui feroient 102. duquel nombre faut ofter Lapierre de Chantilly, & un des Zeros du Capitaine ; ainfi il n'y a d'hommes effectifs que 68. y ayant trois Zeros : Notez que toutes les premieres

I

Escoüades pendant chacun guet il y a 30. hommes, & dans toutes les autres secondes & troisiesmes il n'y en a que 19.

A present les trois Escoüades sont reduites en deux, partant doivent estre plus fortes. : Ainsi au lieu de quinze francs, excepté les Festes & Dimanches, les Suisses qui ne sont du guet n'en ont plus que huit.

Selon les lieux & besoins, le nombre des destachez commandez, de vieux caducs & de malades, le nombre des Escoüades augmente jusqu'à quatre, & diminuë jusqu'à deux, & qu'il plaist à l'Officier superieur commandant qu'il est exact à faire faire le Service, y voir beaucoup de Suisses qui est son honneur, ou les soulager suivant qu'il est bon.

Dans les guets sur les paillasses, à chacune en Esté il y a deux moins méchantes places, qui sont celles des deux bords de la paillasse.

Les Escoüades n'ont nul part aux vins, pains, bois, & chandelles des guets, mais sont plus prests à attraper commissions.

LISTE DES PERSONNES ENVOYEES
de la part du Roy en Suisses, en qualité d'Ambassadeurs, & autrement, depuis l'an 1452. que les Traitez d'Alliance ont esté commencez, & subsistent entre la France & Messieurs des Cantons, les Grisons Vvaleziens & autres Alliez jusques à present.

CY-devant est dit que le Roy Charles VII. a esté le premier qui a fait amitié avec la Nation, & que Louys XI. son fils qui luy succeda à la Royauté en 1459. la confirma en 1463. & en fit de plus expresses és années 1470. 1474. & autres apres.

Les sieurs Grand Bailly de Bourgogne, & Charles de Solieres sieur de Morette, ont esté envoyez Ambassadeurs plusieurs fois en Suisse de la part de ce Roy là ; pendant son Regne, à l'aide des Suisses, la Duché de Bourgogne vint à la France, & en 1479. grand nombre de gens de cette Nation vinrent au secours de sa Majesté & de son Estat, laquelle en consideration de ce, & pour attraire & retenir cette mesme Nation dans le Royaume, donna des Privileges à tous les Suisses, à leurs femmes, veuves & heritiers, par ses Lettres Patentes & Declaration de l'an 1481. & retint un nombre d'eux auprés de sa Personne.

En l'année 1482. incontinent apres la mort de Louys XI. le Duc d'Orleans envoya une Ambassade en Suisse, à sçavoir le Seigneur de Lins & le President de Toulouze, pour demander une prolongation de l'Alliance jusques à la Majorité du jeune Roy, ce qu'ils obtirent, & en reciproque les Seigneurs des Cantons envoyerent au nom de toutes les Ligues des Ambassadeurs en France, pour le condouloir du deceds du feu Roy son pere, & le congratuler de son avenement à la Couronne, &c.

En 1495. Charles VIII. au retour de son voyage de Naples, envoya le Baillif de Dijon en Suisse, pour remercier Messieurs des Cantons de sa part, des bons Offices que leurs gens de guerre luy avoient rendus estant avec luy, avec asseurance qu'il les tiendroit en perpetuelle memoire, &c.

Ce mesme Roy ayant renouvellé les alliances avec les Suisses, il se servit de leurs hommes en la guerre, où il deffit le Duc de Bretagne, il experimenta en divers exploits & endroits, que ses gens de guerre Suisses estoient bonnes gens, loyaux & vaillants de leurs personnes; ce qui le porta en 1496. à donner le nom de Gardes ordinaires de son Corps, aux cent dont le feu Roy Louys XI. se servoit, & de leur créer un Capitaine François pour leur faire entendre ses Ordres, &c. Louys de Mentou Escuyer sieur de Lornay.

En 1498. Louys XI. entra en la Couronne audit an premier de son Regne, envoya pour son Ambassadeur en Suisse le susdit Baillif de Dijon, pour le renouvellement de l'ancienne amitié, & continua la mesme alliance de son Predecesseur.

En 1499. Sa Majesté envoya l'Archevesque de Sens Primat des Gaules, de la Maison de   avec ledit Baillif de Dijon, Grand & particulier confident des Suisses, pour renouveller l'Alliance pour dix ans, ils y ajoûterent quelque chose, promirent que le Roy entretiendroit à chaque Canton deux Ecoliers és Colleges à Paris, la concession dix jours devant, & dix jours apres la Foire de Lyon des Privileges & Libertez.

En 1507. Les Ambassadeurs du Roy se trouverent en Suisse, à sçavoir le sieur Docquer Bertin à Zurich, qui fit une dépence du tout extraordinaire, & le sieur Pierre Louys Evesque de Dié, à Lucern, qui n'en fit pas moins, & tient-on qu'ils dépenserent en un an deux cent mil ducats, & cela pour empescher que les Suisses n'accompagnassent l'Empereur en son voyage de Rome pour se faire Couronner.

En 1512. Le mesme Louys XII. envoya en Suisse le Seigneur de Dunois Comte de Neuf-Chastel, avec le Baillif d'Amiens, le sieur   & le President de Bourgogne Imbert de Villeneuve.

Audit an furent de la part du Roy à Lucern, le 11. Ianvier, Louys de la Trimoüille Comte de Giez, Vicomte de Tavars, Gouverneur de la Duché de Bourgogne, & Admiral en Guienne & Bretagne, avec Claude de Leissel Evesque de Marseille, Imbert de Ville-Neuve premier President de Bourgogne, & le Seigneur de Gru, pour traiter de la paix avec les Suisses, &c.

François premier vint à la Couronne en 1514. en 1516. envoya en Suisse René, Bastard de Savoye, Comte de Villars, & Grand Maistre de France, Conseiller & Chambellan ordinaire, pour faire plusieurs offres pour acquerir les bonnes graces des Suisses, de s'accorder avec eux, de traiter une amitié & paix perpetuelle avec les treize Cantons, ensemble les Abbé & Ville de Saint Gal, des Capitaines & Major Chastelains & Peuples des trois Ligues Grize, le païs de Valais & la ville de Mulhouze, & les joindre à la Couronne par Alliance ferme & durable; cet Ambassadeur pour montrer les richesses du Roy son Maistre, il fit épandre à Fribourg les Ecus d'Or dans une Chambre sur des carreaux, & remuer avec pesles, le Traité ~~de paix perpetuelle fut fait~~ audit an & lieu, signé de la part de sa Majesté par ledit sieur Bastard de Savoye, les Prudens & Sages Louys Fourbannieres, Seigneur de Salces, & Charles du Plessis nos Maistres d'Hostels & Conseillers.

NOTEZ, EST ESCRIT EN L'VN DES

points de l'Alliance de Paix Article dix-sept ; Que s'il survenoit noize ou querelles pour quelque occasion que ce pourroit estre, un chacun de nous des parties élira deux hommes de bien, amateurs de justice & craignant Dieu, pour arbitres, lesquels signifieront jour competant, &c.

EN 1519. le mesme Roy envoya les sieurs Sacconnier & Solier aux Ligues, en qualité d'Ambassadeurs, pour demander quelques autres points d'Alliance, a reconnu estre inferieur en dignité au Pape & à l'Empereur, mais ne leur cedoit, &c.

En 1521. les sieurs de la Mett & Granges furent Ambassadeurs en Suisse, & conclurent à Lucern de la part du mesme Roy de

France, Duc de Milan, Comte Daft, Seigneur de Genes, avec Meſſieurs les loüables Cantons, & leurs Alliez ſuſdits, auſquels furent ajoûtez les villes de Rottvvil & Bienne, horſmis Zurich, une plus étroite Alliance mutuellement deffenſive, & ce pour, &c.

A l'article   , Que le Roy pourra lever tant de monde qu'il luy plaira, toutesfois non moins de ſix mil, & non plus de ſeize ſans le conſentement des Cantons.

A l'article 3. Que ſa Maieſté aura la nomination des Colonels & Capitaines.

Article 6. Le Roy eſtant en perſonne à la guerre, peut tirer tant de troupes qu'il voudra en payant.

Article 7. Les Capitaines doivent eſtre de la Nation Suiſſe, ou de leurs Alliez ſuſdits.

Article 8. Ne ſont les Suiſſes obligez de ſervir le Roy par Mer, &c.

En 1522. Le meſme René Baſtard de Savoye, le Mareſchal de Chabannes, Galeas de Saint Severin Grand Eſcuyer de France, le Mareſchal de Montmorency, l'Eveſque de Senlis & le Seigneur de la Paliſſe, accompagnez de beaucoup de Gentils-hommes, iuſqu'à ſix vingts, pour faire entendre que le Roy eſtoit reſolu de re- couvrir le Duché de Milan, & demanderent une levée de ſeize mil hommes, qu'ils obtinrent, & la menerent au ſecours de Lautréc.

Notez qu'en trois ans furent levez en Suiſſe, par la permiſſion des Cantons, quarante quatre mil hommes, de la part & pour le ſervice de France. [La preſent Notez doit eſtre cy deſſous ou ſancˡʸ 2.]

En 1523. Le Mareſchal de Montmorency fut renvoyé en Suiſſe, & y fit une levée de douze mil hommes, leſquels furent en- voyez à Turin.

En 1524. Ledit Roy envoya au mois d'Aouſt en Suiſſe le ſieur de la Mett Bois Rigault, Ambaſſadeur ordinaire, & le General Morelet, pour demander une levée de ſix mil hommes, qu'ils ob- tinrent.

Les meſmes ſieurs General Morelet & Bois Rigault furent de rechef renvoyez aux Ligues, demander une levée de dix mil Suiſ- ſes, qu'ils firent.

// En 1534. furent Ambaſſadeurs en Suiſſe les ſieurs Antoine de la Mett Bois-Rigault, & les Seigneur de Langey, & asseurerent les Seigneurs des Ligues de la bonne affection du Roy, & le sieur de Langey leur donnant aussi à entendre ce qu'il avoit negotié en Allemagne.

L'an 1544. Le Roy envoya en Suisse son Ambassadeur Extraordinaire le Seigneur de Blanfossé, pour annoncer la Victoire de la Bataille qu'il avoit gagnée à Zerizolles, & loüer le bon comportement de leurs gens de guerre en icelle.

En l'année 1547. le Roy François premier envoya vers les Seigneurs des Cantons le sieur de Liancour, Conseiller & Eschanson de sa Maiesté, pour demander une levée de quinze mil Suisses, & leur donna avis des grands preparatifs que faisoit l'Empereur Charles V. au prejudice de leurs Ligues, & offrir l'assistance du Roy son Maistre en cas de besoin ; mais avant que d'avoir peu obtenir une resolution là-dessus, ledit Seigneur Roy mourut à Rambouillet apres avoir regné trente deux ans.

L'an 1548. Henry second vint à la Couronne ; au mesme an fit faire instance par plusieurs fois par ses Ambassadeurs Bois-Rigault, Liancourt, Lavau, & Iacques Menaige Maistre des Requestes, pour la continuation de l'Alliance, ce qui a reussi à leur contentement.

L'ALLIANCE, CONTINVATION,

ou renouvellement d'icelle, fut conclue à Soleure le septiesme Iuin 1549. avec les Cantons, excepté Hormis, Zurich & Bern.

ENce renouvellement chacune des Ligues Grises au nombre de trois, & le païs de Vvalais, sont reputez chacun pour un

Canton, en sorte qu'ils reçoivent les pensions égales à celles de chaque Caton, & qu'és levées de gens de guerre, ont chacun une Compagnie & plus à proportion, apres que lesdits Cantons dans leurs rangs ont eus chacun les leurs.

Eu 1553. Le sieur de Marche Ferrieres succeda au sieur de Bois-Rigault Ambassadeur ordinaire, apres la mort duquel sieur de Marche Ferrieres audit an, le Roy envoya aussi pour son Ambassadeur le Seigneur de Basse-Fontaine Evesque de Limoges, lequel au mois de Iuin demanda une levée de dix mil hommes, qui luy fut accordé.

En 1559. Le sieur Coignet Ambassadeur du Roy François II. ne fit aucun Traité de sa part, bien a donné des Lettres de confirmation d'octroy & Privileges aux Suisses, sa Majesté n'ayant regné que dix-huit mois, apres avoir esté marié à Marie Stuard Reyne d'Escosse, &c.

Le 4. Decembre 1560. Charles IX. entra à la Couronne, & en 1562. envoya pour son Ambassadeur le mesme sieur Coignet, & Mandosse à Bern, demander la revocation de leurs troupes donnée au Prince de Condé.

L'an 1564. furent envoyez en Suisse de la part du Roy, pour Ambassadeurs extraordinaires le Mareschal de la Vieux-Ville, & l'Evesque de Limoge, joints avec le sieur de Saint Laurens Abbé Durbais, Ambassadeur ordinaire residant à Soleure, pour demander le renouvellement d'Alliance, ce qui fut accordé des Magnifiques & tres-honorez Seigneurs & Superieurs des Cantons, à Fribourg en Suisse le 7. Decembre audit an, & confirmées.

Dans l'année 1565. se trouva en Suisse Ambassadeur pour le Roy, le sieur de Beliévre tres-consideré.

L'an 1573. le sieur de Fontaine Gaudais Ambassadeur pour Charles IX. qui mourut en 1575. apres avoir regné quatorze ans.

En 1575. Henry III. Roy de France & de Pologne, venu à la Couronne de France audit an, le sieur de Haultefort estoit son Ambassadeur ordinaire vers les Suisses; & en 1576. prit congé de Messieurs des Ligues, & presenta pour tenir sa place le sieur de Sancy.

En 1582. le mesme Roy envoya une Ambassade solemnelle en Suisse, sçavoir les sieurs Mandelot, Haultefort, Fleurey & Liverdais Ambassadeur aux Grisons, pour empescher la guerre entre le

Duc

Duc de Savoye & les Bernois, & demander le renouvellement d'Alliance qui fut accordée, dans laquelle Alliance rentra le Canton de Bern.

L'an 1584. fut Ambaſſadeur en Suiſſe de la part dudit Seigneur Roy Henry III. qui a regné onze ans, le ſieur de Frenoy, juſqu'en 1584. &c.

L'an 1589. fut envoyé en Suiſſe le ſieur de Sanſy pour la deuxiéme fois, la ſeconde de la part d'Henry IV. Roy de France & de Navarre, avec Monſieur de Sillery ; & en la meſme année ſa Majeſté envoya aux Ligues ſon Ambaſſadeur extraordinaire le ſieur de Luberts, pour leur donner avis de la mort du feu Roy Henry III. & pour ratifier le Traité qui avoit eſté fait par Meſſieurs de Sanſy & Sillery, pour deuxieſme fois, touchant les emprunts de deniers.

En 1599. fut Ambaſſadeur aux Ligues le ſieur Hottman de Morfontaine, qui en 1600. tint une Diete, autrement iournée generale, proprement aſſemblée des Cantons à Soleure, où il eſt mort & enterré ſous le Maiſtre-Hoſtel de Saint Ours, Cathedrale du lieu, après avoir diſpoſé Meſſieurs des Cantons au renouvellement d'Alliance, pour & de la part d'Henry IV. & auquel ſuccederent en 1602. Meſſieurs de Sillery & de Vic, & Monſieur le Mareſchal de Biron, de Vic, aux Griſons, pendant que Sillery travailloit auprés des Cantons : En ſuite le Duc de Biron fils du Mareſchal de ce nom, Ambaſſadeur extraordinaire pour l'accompliſſement dudit renouvellement d'Alliance, lequel avoit eſté creé Colonel General de ceux de cette Nation en France, lors qu'il tenoit l'aſſemblée à Soleure. Monſieur Brûlart y donna la perfection.

Monſieur le Febvre de Caumartin depuis fait Gardes des Sceaux de France, lequel fut relevé en ſa fonction d'Ambaſſadeur ordinaire environ l'année 1605. par Monſieur de Refuge.

Vers l'an 1613. Monſieur de Caſtille lors Ambaſſadeur ordinaire en Suiſſe, par ſa prudence & dexterité le Canton de Zurich fut uni en l'Alliance avec la France au Corps des autres Cantons, au contentement du Roy Louys XIII. & des Suiſſes, nonobſtant les Sermons de Zvvingle Diſciple, adherant à l'hereſie de Calvin, qui ne trouvoit pas bon qu'on s'alliaſt ſi étroitement à un Prince de contraire Religion, ny de ſe mettre à gages pour aller répandre le ſang de ceux qui bien ſouvent ſont innocens, & qui n'avoient rien à démeſler avec eux.

En mil ſix cens, &c...... Mr François Miron fut Ambaſſadeur, durant l'Ambaſſade duquel on envoya Ambaſſadeurs Extraordinaires en Suiſſe Monſieur de Montelon, Monſieur le Marquis de Cœuvre ou Mareſchal d'Eſtrée, & Monſieur de Baſſompierre Mareſchal de France, depuis general de ceux de cette Nation en France.

En ſuite Monſieur de Chaſteau-Neuf fut auſſi Ambaſſadeur ordinaire en Suiſſe.

Monſieur de Puizieux fils du Chevalier de Sillery Bruſlart en 1612.

Monſieur de Leon Bruſlard encore une fois Ambaſſadeur en Suiſſe.

Monſieur le Mareſchal de Baſſompierre encore pour la ſeconde fois Ambaſſadeur en Suiſſe.

Monſieur Vialart l'a eſté auſſi ordinaire.

Environ l'an 1626. Monſieur de Meliand qui avoit eſté Procureur General, homme fort aimé en Suiſſe, y a eſté quelque douze ans de ſuite Ambaſſadeur ordinaire.

En 1639. Meſſire Iacques le Febvre de Caumartin, Chevalier Seigneur de Saint Port, fils du Garde des Sceaux de Caumartin, fut envoyé Ambaſſadeur ordinaire en Suiſſe & Griſons, où il a demeuré juſqu'en 1648. pendant ſon Ambaſſade a fait pluſieurs levées, entr'autres des Regimens de Rohn, de Lothman, de Zurich, Pfiffer, de Lucern, de Vattevile, de Bern, de Praromon, de Reinoles, de Fribourg, d'Arcker, & de Rol de Soleure, & de Guy de Neuchaſtel.

Audit an 1648. Monſieur de la Barde Ambaſſadeur ordinaire en Suiſſe, & és Ligues Griſes, y a demeuré juſqu'en 1658. qu'il fit un voyage en France ; en ſuite retourna audit Païs en la meſme qualité, où il a travaillé à renouveller les Traitez d'Alliances, de paix perpetuelle, & autres, juſques en 1663. qu'il eſt revenu, & que ces Traitez ont eſté ratifiez & jurez par le Roy Louys XIV. preſentement Regnant, ſur les Saintes Evangiles dans l'Egliſe Noſtre-Dame de Paris, & les Ambaſſadeurs des treize Cantons & Alliez, le 18. Novembre dudit an 1663. en preſence de tous les Ambaſſadeurs des Princes & Eſtats de l'Europe.

Depuis cette ſolemnelle renouvellement d'Alliance cy-deſſus, & d'autant qu'il y avoit paix avec l'Eſpagne, il s'eſt paſſé un temps conſiderable ſans Ambaſſadeur en Suiſse, ſeulement en 1668. on envoya le ſieur Mouſlier Secretaire du Roy, reſidens à

Soleure en qualité d'agent de sa Majesté, qui y a beaucoup travaillé pour l'achevement de l'établissement des Compagnies franches,
& l'amortissement de certaines pensions & Contracts, &c.

En 1671. Messire Stoppa Capitaine aux Gardes Suisses, Colonel } M Stoppa
d'un Regiment de la Nation, Gouverneur d'Vtrech, & Mareschal
des Camps & armées du Roy, fut envoyé de la part de sa Majesté
en Suisse, pour la levée des Regimens d'Erlac & Pfiffer, de Salis &
le sien, dont il fut fait Commissaire General ; en ce temps-là le Regiment de Cavalerie de Lochman Suisse de Zurich fut aussi levé.

Apres au mesme an 1671. le sieur de la Fons Gentil-homme ordinaire du Roy, fut aussi envoyé en Suisse par le Roy en qualité
de Resident aux places de Messieurs Stopa & Moulier, jusques vers
la fin de Mars 1672. que le mesme Monsieur Stoup y retourna à la
sortie de son Gouvernement de Nuits & Vvesel pour sa Majesté dans l'Archevesché de Cologne, pour y achever les levées,
& amener les susdits Regimens en France, & pour traverser
en quelque façon celle que le Comte de Dona Hollandois y vouloit faire, en quoy ledit sieur Stop a reussi.

Dans le mesme an 1672. Messire Melchior de Heron Baron de
Saint Romain, Chevalier de l'Ordre de saint Lazare, Abbé de saint
Leonard de Corbinast, cy-devant Ambassadeur pour le Roy en
Portugal, a esté envoyé Ambassadeur ordinaire en Suisse, où il a
entr'autre chose porté les Suisses d'empescher les armées de l'Empire de passer en Franche-Comté de Bourgogne pour la secourir,
pendant que sa Majesté en personne, au mois d'Avril de l'an 1674.
nonobstant la rigueur d'une saison d'Hyver, assiegea & pris les
villes de Dole, Gray, Bezançon & autres places, & toute cette
Comté, en quoy Messieurs des Cantons ont rendu un tres-grand
& considerable service au Roy & à l'Estat. Ces deux Bourgognes,
la Duché & la Comté, sont venuës à la France par leurs moyens, la
premiere sous Louys XI. & la seconde sous Louys XIV.

En 1676. Monsieur de Gravelle Seigneur de Marly, de Voivre
& de la Pointe le Compte, Capitaine du Chasteau de Bec-Orsan,
des Chasses, Eaux & Forests de Meaux, &c. Conseiller du Roy en
son Conseil d'Estat, Chevalier d'un de ses Ordres, cy-devant
Plenipotentier de sa Majesté en la Diette de l'Empire, depuis
nommé à l'Ambassade de Dannemarc, & à present Ambassadeur
ordinaire en Suisse, *ou jl est mort a sol.mn in 1684*

*Commanormin d'lan 1685 M Tambonneau est allé de Suisse
ambassadeur ord.re ou jl na été aimé a cause de Jafime & la Cour la fait revenir.
au commanorint d'lan 1689, M Amelot de Bournay a été envoyé
en post- prendre la place de M Tambonneau.*

NOMS DE QVELQVES·VNS DE

Messieurs qui ont esté Chanceliers, Gardes des Sceaux, Secretaires, Ambassadeurs, Ministres d'Estat, Officiers és Conseils, & de Iudicature en Charges, & qui ont signé plusieurs Chartres, Lettres, Patantes, Declarations & Arrests favorables aux Suisses, à leurs veuves & heritiers concernants leurs Privileges depuis Charles VII. Roy de France, qui a fait le premier Traité d'amitié avec cette Nation la quatriesme ferie de Pasques de l'an 1453. jusques à present.

LEs Patentes de Louys onze donné chez le Roy à Tours, en Septembre 1481. sont scellées du Sceau aux armes de France d'un costé, & de l'autre de l'efficie de sa Majesté, que l'on ne qualifioit alors de tel, en cire blanche, signé LOUYS, & sur le reply, par le Roy, *Briçonnet*, & dessous l'enregistrement de la Chambre des Comptes à Paris, *Chevalier*.

Celle de Charles VIII. du mois Novembre 1483. sont soubssignées apres ledit Seigneur, *Le Blanc* & *Omberteau*.

De Louys XII. 1498. signées par le Roy *Robineau*, & les pareils enregistremens, *Le Blanc*.

François premier accorda mesmes Lettres le 17. Mars 1514. sonsignées par le Roy, *De Neufville*, verifiées par Messieurs du Domaine, Tresoriers & Generaux des Finances, en une est signé, *Courtin*, & en l'autre *Ruitault*.

D'Henry second 1550. signées *Matthieu*, plus bas est écrit *contentor*, signé *Leyrés*, & au costé de l'enregistrement fait par Messieurs du Paris, le 18. Novembre 1551. est signé *Le Camus*.

Item, Du mesme Roy surnommé Pere du Peuple, de 1551. au Bas des Lettres Patentes, portant octroy de trafiquer par les Suisses par tout le Royaume de France, & terres de l'obeissance de sa Majesté, tant en toile, safran, qu'autres Marchandises, tant en paix qu'en guerre, signées HENRY, & par le Roy, *De Laubespine*, Evesque Bourges, &c.

De François second en 1559. par le Roy, *Fizet*, & à costé *visa*, &

regiſtrée, où le Procureur General du Roy en Parlement de Paris, ſigné *Berruyer & Germain*; à l'enregiſtrement de Meſſieurs des Comptes, ſigné, *Le Maiſtre.*

Sous Charles I X. Roy de France & de Pologne, *Ruzé* a ſigné.

De Henry I I I. 1575. ſur le reply par le Roy, ſigné, *Bruſlard.*

En des Arreſts de la Cour des Aydes des années 1595. & 1596. ſous le premier eſt ſigné, *Poncet,* & ſous le ſecond, *Bernard.*

La Declaration d'Henry IV. Roy de France & de Navarre, de l'an 1598. eſt ſignée ſur le reply par le Roy, *Poitiers,* & au bas de l'Arreſt du Parlement de Bretagne à Rennes 1601. *Selgera.*

Autre Declaration d'Henry IV. 1601. eſt ſignée par le Roy, *Bou-chery.*

Troiſieſme Declaration du meſme Roy, de Novembre 1602. pour toute la Nation; au renouvellement d'Alliance conforme, & ſur le pied de celle de Loüis X I. ſignée H E N R Y, & ſur le re-ply par le Roy, *De Neufville,* & au bas de l'enregiſtrement du Par-lement de Paris du 10. Mars eſt ſigné, *Du Tillet*; & de celuy de la Chambre des Comptes, *Le Prevoſt*: & de la Cour des Aydes, *Du Puis.*

De Louys XIII. de l'an 1618. ſignée, L o u y s, ſur le reply par le Roy, *De Lomenie*; & à coſté *viſa conienor,* ſigné, *Du For*: au bas de l'enregiſtrement de la Cour du Parlement à Paris 1619. eſt ſigné, *Gallard,* de la Cour des Aydes, *Paulmier.*

En Arreſt du Conſeil Privé du 12. Ianvier 1630. eſt ſigné *Cornuel,* Avec paraphe.

En la Declaration du Roy de l'an 1634. eſt ſigné Louys, & ſur le repli, *Boutillier*: & à l'enregiſtrement de la Cour des Aydes de 1635. *Boucher.*

En autre Declaration du dernier ſuſdit an, *Boutillier,* & au bas de l'enregiſtrement du Parlement de Paris du meſme an 1635. eſt ſigné, *Guyet.*

En autre declaration de l'an 1637. pour la deſcharge de la taxe, au ſuiet de la cloſture de Paris, & ionction des Fauxbours à la Ville, par le Roy, *Sublet.*

Au bas d'un autre Arreſt de Meſſieurs les Commiſaires gene-raux des Finances de l'an 1644. pour la deſcharge de la taxe du droit de confirmation de l'avenement du Roy à la Couronne, eſt ſigné, *Hochereau.*

L'Arreſt de l'an 1650. du Conſeil d'Eſtat du Roy ſa Maieſté y eſtant la Reyne Regente ſa mere preſente, portant confirmation du droit que les Suiſſes ont d'exercer la iuſtice ſur leurs gens, eſt ſigné L o u y s, & plus bas *Tellier Pere*, Miniſtre & Secretaire d'Eſtat pour la guerre.

Au bas d'un Arreſt de l'an 1654. pour la décharge des Tailles eſt ſigné, *Boyer*.

L'Arreſt du Conſeil d'Eſtat de l'an 1656. pour veuve, eſt ſigné, *Boſſuet*, un de ce nom eſt Eveſque de Condom, Precepteur de Monſeigneur le Dauphin.

L'Arreſt ſolemnel du meſme Conſeil du 28. Fevrier 1660. portant main-levée,   où Meſſieurs *d'Aligre*, *de Morangis* & *Menardeau* Directeurs, *de Breteüil* & *d'Hervart*, Controlleurs generaux, *Marin* Intendant des Finances, & *Tallemant* Maiſtre des Requeſtes ſont nommez, eſt ſigné auſſi *Boſſuet*, au ſujet des droits d'Aydes.

L'Arreſt de la Cour des Aydes d'enregiſtrement de la Declaration du Roy pour les Suiſſes & veuves d'iceux, des maiſons Royalles touchant leurs Privileges du 19. Iuillet 1661. eſt ſigné *Du Moulin*.

L'Arreſt contradictoire du Conſeil du 16. d'Octobre 1663. au ſujet du droit d'Aubaine eſt ſigné *Forcoal*.

La reſponce du Roy Louys XIV. glorieuſement regnant, aux griefs des Suiſſes preſenté à ſa Maieſté au renouvellement d'alliance avec Meſſieurs des Cantons, en Novembre 1663. ſur les Privileges de cette Nation eſt ſigné en commandement, *De Lyonne*, Secretaire d'Eſtat pour les païs Eſtrangers.

La declaration du Roy portant reglement pour les Etats de la maiſon de ſa Maieſté, & maiſons Royales, & autres Eſtats du mois de May 1664. eſt ſignée Louys, & ſur le reply par le Roy, *De Guenegaud*, & l'enregiſtrement à la Cour des Aydes dudit an, ſigné, *Boucher*.

L'Arreſt du Conſeil d'Eſtat du 23. Avril 1670. qui enjoint aux Officiers du Chaſtelet Monſieur d'Effiat, ſucceſſeur à la Charge de Lieutenant Criminel du feu ſieur Tardieu, un des habile Iuge quii l'ait precedé, de mettre les pieces de procedures comme en Suiſſes, entre les mains de leurs Officiers de leur Nation, eſt ſigné, *Colbert*, Pere, Secretaire & Miniſtre d'Eſtat, Directeur General des Finances, &c.

L'Arreſt de retention du Conſeil Privé du 23. Decembre 1670. qui declare les Cauſes des Suiſſes concernant leurs Privileges, estre de la Competence du Conseil, est signé, *Pecquet.*

L'Arrest du Conseil d'Estat tenu à Paris le Roy y estant, le 19. Ianvier 1671. qui declare & confirme les gages & Soldes des Suisses n'estres suiets à saisie, est signé, *Colbert*, le Secretaire & Ministre, &c.

L'Arrest interlocutoire du Conseil Privé du Roy, du 29. Iuin 1673. est signé, *Foucault*, avec paraphe.

L'Arrest du Conseil d'Estat du Roy, tenu à Brisach, sa Maiesté y estant, le 31. iour d'Aoust 1673. qui évoque à soy les procez des Suisses, estans à son service dans ses armées est signé, *Colbert fils*, *nommé Monsieur de Segnelay*, survivantié de Monsieur son Pere, à la charge de Secretaire d'Estat.

L'Arrest du Parlement de Paris du sixiesme Iuin 1674. confirmatif d'une Sentence du Chastelet du 27. Septembre 1672. en faveur de Iacques Bodminguer l'un des cent Suisses ordinaire du Corps, & Privilegié du nombre des treize, mineur, au suiet du revenu de son Privilege, est signé par collation, *Iacques.*

Autre Arrest du Parlement contradictoire, rendu le 28. Aoust 1675. sur un renvoy du Conseil Privé, en faveur des veuves Privilegiées Suisses, est signé *Iacques*, avec paraphe.

L'Arrest du Conseil d'Estat donné en faveur des Officiers Commençaux des maisons Royales, portant descharge des Taxes faites sur eux pour le Franc-aleu, Arts & Mestiers, & emprunts, pour survenir aux frais de la guerre, du 14. iour de Decembre 1675. est signé, *Bechameil.*

Il y a quantité d'autres Declarations & Arrests, où Messieurs de Villeroy, de la Ville-au-Clerc, feu Monsieur le Chancelier Seguier, & Molé Garde des Sceaux, Comte de Brienne, Secretaire d'Estat, devantié de feu Monsieur de Lyonne, ont signez; mais que l'on ne cite, parce qu'ils sont produits dans des instances que les Suisses Privilegiez ont contre les Officiers de Ville, pour raison de leurs Privileges.

QVELQVES FAMILLES SVISSES

affectionnées à la France, & avec aucuns desquels Messieurs les Ambassadeurs de France vers les Ligues Suisses & Grisons, & autres Alliez, ont conservé correspondances, particulierement feu Messire Iacques le Febvre de Caumartin, de Saint Port, en son temps.

PRemierement avec Monsieur l'Ambassadeur de France à Rome.

Item, Avec celuy qui est à Constantinople.

Item, A Venise, avec Monsieur l'Abbé Strosi. A Florence, avec Monsieur Holts Halb, & Monsieur le Bourgmestre Hirtzel Vvurtz, Rohn, de Zurich. &c.

A Bern, à Monsieur d'Erlach, Taxerlauf.

A Lucern, à Messieurs les Capitaines Sonnenberg, Pfiffer, Birker, Guldé, Keller.

A Ury, à Monsieur le Landtam Zunbrunn.

A Schvvitz, à Monsieur Redins.

A Vndervvalden aux Messieurs Vvirtz.

A Zug, à Messieurs les Zurlauben.

A Glaris, à Messieurs Elmer Landam, Hessy & Frevvler, Colonels & Capitaines.

A Basle, à Monsieur le Commissaire Muler, &c.

A Fribourg, à Messieurs Daffry, Praroman, Fræqueli, Lhuisier, du Mont, Techterman, Gottrauv, de Gleresse, Riidola.

A Soleure, Residence avec Messieurs de Molondin de Rol, Vvalier, Vvigier, Sreinpruker, Grim, Guibeli, Colonel Greder, Pere.

A Schaffhouze, à Monsieur le Boursier Ziegler.

A Appentzel, à Monsieur le Landtament Tanner, & à quelques Capitaines.

A Coaire, à Monsieur de Salis, du Mont, & avec

En Vvalais à Syon, à Messieurs Riedtmatten, & à Monsieur de la Tour, & à Brizac à Monsieur le General Major d'Erlac, Gouver-

Gouverneur, à Monſieur le Baron d'Oyſonville, & au Pere Rudolphe Capucin.

À ſaint Gal, à Monſieur

À Geneve, à Meſſieurs Faure, Rozette, Scyndic, & à Monſieur

EXTRAICT DE LETTRE ECRITE
de Turin le dix-huitieſme Fevrier 1673. par le ſieur T. G. Suiſſe au ſieur F. B. l'aiſné.

LEs principales Charges ; à ſçavoir, Capitaine, Lieutenant, Enſeigne, de noſtre Nation, ſont Elûs de S. A. R. Mais Meſſieurs des Cantons en font la repreſentation, chaque Canton fait pour ſoy. Les Bas Officiers ſont faits & nommez par le Colonel, les Soldats ſont acceptez dans la garde à meſure qu'il vaque des places par l'Officier qui ſe trouve ſur le lieu ; j'en ay déja admis deux, ayant le meſme pouvoir que le Capitaine, quand luy & le Lieutenant ſont abſens, s'entens, il y a des ſix Cantons Alliez : A ſçavoir, Lucern, Ury, chuitz, Undervvaldern, Zug, Fribourg & Vallais, de chaque Canton dix Soldats, ſans comprendre les Hauts Officiers, juſques au Caporal : Pour paye le Capitaine a vingt-quatre places de Soldats, le Lieutenant ſeize, l'Enſeigne huit, le Secretaire quatre, l'Interprete quatre, les deux Sergens trois places chacun ; le Fourier trois, & le Prevoſt trois : Le Caporal douze livres, le ſimple Soldat dix- livres monnoye de ce païs; le Capitaine n'a point de quartier: mais pour regale, il a die Metzkery, qui luy peut rapporter jusqu'à cent pistoles, & die Vvitzhaus quarante, le Lieutenant a son quartier qui est de cinq Chambres, l'Enseigne de quatre, les autres Officiers de deux, & les simples Soldats ont aussi leurs logemens, nous en mettons deux dans une Chambre, ils doivent avoir tous les ans leurs habits nœufs, l'Enseigne de la Garde a ce Privilege de pouvoir prendre un habit à la valeur de quatre cent livres, toutes les fois que l'on habille la Garde, pour le païement se fait dans le quartier tous les trois mois.

Nos Soldats montent tous les trois jours une fois la Garde, & sont vingt chaque fois; lors que l'on va en Campagne il y a de l'extraordinaire, la Garde Suisse du Pape est à peu prés comme celle cy-dessus, logez neantmoins dans l'enceinte du Palais Papal, qui a beaucoup de presens & quantité d'Indulgences & Benedictions que ie vous souhaite.

RAISONS

ET

REMONSTRANCES

DE M: LE CAPITAINE COLONEL
de la Compagnie des Cent Gardes Suisses ordinaires
du Corps du Roy, & des Officiers d'iceux ; sur des
pretentions d'aucuns Messieurs les Capitaines des Gardes Escossois & François du Corps, presentées à Sa
Majesté, sous son bon plaisir, & à Messeigneurs les
Ministres, au commencement de l'an 1670.

Fait par Frantz Zvvilling, dit FRANÇOIS BESSON
*l'aisné, Escuyer, ancien Capitaine, dernier unique Enseigne,
Doyen des Officiers Suisses, Veteran, &c.*

A PARIS,
De l'Imprimerie de IACQUES LANGLOIS, fils, ruë Galande,
proche la Place-Maubert, à l'Image S. Iacques. 1676.

RECVEIL DE QVELQVES RAISONS

*& Remonſtrances de Monſieur le Capitaine Colonel de la
Compagnie des Cent Gardes Suiſſes ordinaires du Corps
du Roy, & des Officiers d'iceux, ſur des pretentions d'aucuns de Meſſieurs les Capitaines des Gardes Eſcoſſois &
François du Corps, preſentées à ſa Majeſté, ſous ſon bon
plaiſir, & à Meſſeigneurs les Miniſtres, au commencement de l'an 1670. Par le ſieur F. BESSON Laiſné,
Eſcuyer, ancien Capitaine, dernier unique Enſeigne deſdits Gardes Suiſſes ordinaires du Corps.*

PREMIERES REMONSTRANCES
de Monſieur le Marquis de Vvardes, Capitaine
Colonel deſdits Cent Suiſſes.

PVIS que le Roy par un excez de bonté veut bien
écouter les raiſons d'un abſent, contre la pretention
de Meſſieurs les Capitaines des Gardes, qui ſont
tous preſens, ie les diray le plus reſpectueuſement,
& en moins de paroles qu'il me ſera poſſible, pour
ne pas abuſer du temps precieux de ſa Majeſté.

Comme cette pretention n'eſt fondée que ſur l'ambiguité du
quatrieſme article du Reglement de l'an 1656. portant qu'en l'abſence du Capitaine des gardes Suiſſes, leurs Officiers recevront le
commandement du Capitaine des gardes, conformément au Reglement du feu Roy de l'année 1611. Ie ſupplie tres-humblement
ſa Maieſté d'en obſerver les termes, que i'expliqueray cy-apres, &
de remarquer que puis que cet article eſt relatif au Reglement de
1611. & qu'ils ne l'ont pas montré à ſa Maieſté comme l'autre, ils
ont connû eux-meſmes qu'il détruit ce qu'ils pretendent que

L iij

le dernier leur donne, ou du moins qu’il ne leur eſt pas avanta-
geux.

Ie n’ay pas la memoire bien recente de ce que contient ce
meſme Reglement de 1611. mais autant que ie m’en puis ſou-
venir, il me ſemble qu’il porte, que lors que le Capitaine des
Cent Suiſſes ne ſe trouvera pas auprés de ſa Maieſté, le Capitaine des Gardes en quartier fera entendre le commandement aux
Suiſſes.

Si on peut montrer que ces mots de (faire entendre le
commandement aux Suiſſes) veulent dire la meſme choſe que
commander les Suiſſes, leur Capitaine ne doit pas eſtre écouté ;
mais ſi au contraire ils ne ſignifient rien moins que commander
les Suiſſes, comme ie le feray voir, la pretention des Capitaines
des Gardes eſt ſans fondement.

Il y a 59. ans que le Reglement de 1611. eſt fait : Depuis tant
d’années on n’a point dit que faire entendre le commandement
aux Suiſſes voulut ſignifier, commander les Suiſſes ; on n’a point
pris l’un pour l’autre, & depuis ces 59. ans il y a eu aſſez d’ab-
ſences de Capitaine des Suiſſes, pendant leſquelles les Capitaines des Gardes auroient pû demander & ſe mettre en poſſeſſion
du commandement, ſi le Reglement, dont ils ont tous eu connoiſ-
ſance l’eût permis.

Ils ne peuvent pas s’excuſer de ne l’avoir pas fait ſur l’aſſiduité
de Monſieur de Boüillon, puis qu’il n’eſtoit preſque iamais à ſa
Charge. Que diront-ils auſſi de n’avoir pas étably ce commandement pendant que Monſieur de Monmege l’a eſté, ſur ce qu’ils
ont ſi fort uſurpé, que i’ay eſté obligé de ſolliciter le Reglement
de 1656. pour le rétabliſſement de la Charge dont le Roy m’a honoré : Et ie ſupplie tres-humblement le Roy de ſe vouloir reſſou-
venir que Meſſieurs de Geſvres, de Villequier & de Charoſt, vi-
voient avec moy ; de ſorte que s’ils euſſent crû que le Reglement
de 1656. leur eût donné en mon abſence le commandement abſolu
de la Compagnie, ils s’en ſeroient mis en poſſeſſion ſans aucun
ménagement pour moy, lors que i’étois auprés de ſa Maieſté ; &
ſi on avoit eu deſſein de leur attribuer le commandement, on ne
ſe ſeroit pas ſervy dans le quatrieſme Article du Reglement de
1656. de ces mots (recevront le commandement) qui ſignifient
ceux de faire entendre le commandement, portez par le Reglement de 1611. auquel ils ſont relatifs ; mais on auroit dit, ils com-

manderont les Suisses en l'absence du leur Capitaine. Il faut aioûter à cela, que si Messieurs de l'Hospital, de Brienne & de Guenegaud, qui dresserent ce Reglement de 1656. par ordre du Roy, eussent crû que le commandement des cent Suisses eût appartenu de droit aux Capitaines des Gardes du Corps en quartier en l'absence de leur Capitaine, ils estoient tous trois, par divers interests, assez favorables à ces Messieurs, pour ne se pas servir de ces mots (recevront le commandement) & pour ne pas faire cet Article relatif au Reglement de 1611. qui ne portant simplement que faire entendre le commandement aux Suisses, ne veut & ne peut signifier, ainsi que i'ay commencé de faire voir, & que je montreray encore cy-apres, commander les Suisses.

Ie supplie donc tres-humblement sa Majesté, de remarquer la difference de ces deux manieres de parler, commander les Suisses en l'absence de leur Capitaine, c'est les commander comme luy sans aucune exception; mais faire entendre le commandement aux Suisses en l'absence de leur Capitaine, c'est seulement les avertir des lieux où le Roy a resolu d'aller ; comme par exemple : Lors que le Roy veut aller à la Messe hors du Louvre, à la Foire, ou en quelqu'autre endroit, le Capitaine des Gardes en quartier en l'absence de celuy des Suisses, a droit en consequence des Reglemens de 1611. & de 1656. de dire aux Suisses dans leur Salle, ou lors que sa Majesté monte en carrosse, Suisses du Roy, le Roy va à la Messe en une telle Eglise, ou le Roy va en un tel lieu. Voila precisément ce qui s'appelle faire entendre le commandement aux Suisses, parce qu'il vient de la Bouche de sa Majesté, qui se fait entendre aux Suisses par celle du Capitaine des Gardes en quartier; Et voila comme on explique, & comme on a expliqué ces mots depuis 59. ans. Ie supplie donc encore tres-humblement le Roy de considerer, que les fonctions & les commandemens sont entierement separez dans les Troupes de sa Maison, & qu'elles prennent toutes le mot & les ordres directement de sa Majesté.

La Compagnie des cent Suisses, qui en fait une partie, & qui n'a esté possedée que par des gens de la premiere qualité de son Royaume, a tousiours eu ce privilege commun avec les mesmes Troupes, & n'a iamais receu les ordres que de la bouche du Roy, qui mesmes depuis peu a fort approuvé le procedé d'un des Offi-

ciers de ma Compagnie, qui n'avoit pas voulu recevoir un commandement du Maior des Gardes.

Si la pretention du Capitaine des Gardes avoit lieu, cet usage
qui est un établissement dans la Maison du Roy de recevoir directement les ordres de sa bouche, se détruiroit, parce que dés qu'un
Capitaine seroit absent, les presens voudroient commander sa
Compagnie, les Capitaines des Gardes n'ayant pas plus de droit
de pretendre celle des Suisses en l'absence de leurs Capitaines, que
le Lieutenant des Gens-d'Armes la Compagnie des Chevaux Legers en l'absence de celuy qui les commande, & ainsi des autres,
puis que c'est une chose établie & observée de tout temps dans toutes les Troupes de la Maison du Roy, de ne prendre l'ordre & les
commandemens que de sa bouche, lors qu'elles sont auprés de
luy.

Les Capitaines des Gardes diront peut-estre qu'ils commandent
les Suisses la nuit, lors mesme que ie suis couché dans le Louvre, &
par consequent qu'ils les doivent commander de iour quand ie n'y
suis pas.

Ie réponds à cela qu'ils ne commandent pas les Suisses la nuit,
mais seulement le Guet, qui en est détaché, & qu'ils ne le commandent que tant que le Roy dort, ou qu'il est censé dormir, parce que le Capitaine des Gardes estant seul chargé de la personne
de sa Majesté, c'est une necessité absoluë que toutes les Troupes
qui couchent dans le Louvre obeïssent au Capitaine des Gardes, &
qu'elles s'adressent à luy quand elles ne peuvent recevoir l'ordre
d'Elle.

S'il plaist au Roy de se faire representer le Reglement qui a
esté fait touchant ce commandement du Capitaine des Gardes sur
les Suisses pendant la nuit, il verra qu'il n'y est pas dit que le Capitaine desdits Gardes fera entendre le commandement aux Suisses; mais qu'il y est porté en termes exprés, qu'il leur commandera, & que le iour estant venu ils r'entreront sous l'authorité de
leur Capitaine. Ce qui fait voir clairement, que lors qu'on a
voulu que le Capitaine des Gardes commandast effectivement
les Suisses, on a dit precisément qu'il les commanderoit, & que
lors qu'on s'est servy des termes de faire entendre le commandement, on a voulu que ce fust seulement pour avertir les Suisses en l'absence de leur Capitaine, des lieux où le Roy veut
aller.

Mais

Mais comme tous les avantages des Charges ne dépendent effectivement que de la seule volonté du Roy, il faut que les Capitaines des Gardes, quelques pretentions qu'ils ayent, s'y conforment aussi bien que moy, qui suis prest d'obeïr au dernier des
Officiers des Gardes au moment qu'Elle me l'ordonnera, quoy
qu'il soit vray que ce changement seroit la perte du bien qu'il luy
a plû de me faire, par la Charge dont Elle a eu la bonté de m'honorer, & qu'Elle me conserve encore dans tout son entier, par
excés de cette mesme bonté qui n'a point d'exemple.

RAISONS, OBIECTIONS, ET TRES-

humbles Remonstrances des Officiers Suisses de la Compagnie des Cent de la Garde ordinaire du Corps, sur les pretendus Reglemens faits és années 1611. & 1656.

PREMIEREMENT.

CE Reglement a esté fait à l'insceu du Capitaine des Cent Suisses, partant il ne luy doit pas prejudicier, ny à sa Charge, ny aux Officiers de la Compagnie desdits Cent Suisses, le Colonel Galaty ayant esté supris, parce qu'il ne sçavoit pas parler François, non plus que les autres Officiers, pas mesme le Vvacht Schereiber, qui signie Ecrivain du Guet, que l'on nomme Clerc du Guet.

Le differend n'a point esté meu pour les Officiers, ny pour le Corps de la Compagnie, ny pour le mot ou ordre du soir, ny pour le commandement ; mais simplement au sujet & pour raison de l'appel du Guet, que par entreprise Messieurs les Capitaines des gardes Françoises du Corps vouloient que ledit Ecrivain du Guet, dit Clerc Suisse de ladite Compagnie des Cent, n'appellast iceluy qu'aprés les leurs. Cependant on a iugé du commandement à l'avantage des Capitaines des Gardes, sans qu'il y eust aucun débat pour iceluy, ny qu'il en fût question. Mais sa Majesté considerera, s'il luy plaist, que ce fut dans le temps des troubles de la mort du Roy Henry le Grand, & pendant la Minorité du feu Roy Loüis XIII. de Glorieuse memoire, à l'insceu du Capitaine & des Officiers de la Compagnie desdits Cent Suisses, & contre un Officier qui ne sçavoit pas parler François, & qui partant ne pouvoit défendre ses droits, déduire ses raisons & griefs, & desdits Officiers de ladite Compagnie des Cent Suisses ; toutesfois dans le mesme temps de ce pretendu Reglement, Messieurs les Duc de Boüillon & Comte de Breyne pere & fils, & les Officiers de ladite Compagnie, protesterent contre iceluy, & n'a iamais depuis esté observé ; au contraire il paroist qu'il a esté entierement annullé par la permiſſion que Meſſieurs les Comtes de la Marck & de Brayne obtinrent, auſſi-toſt que le Roy Louy XIII. fut majeur, d'établir un ſecond Interprete ſous le nom d'exempt de la Compagnie, pour l'avoir prés de luy, afin de porter les ordres qu'il recevroit de ſa Majeſté, & les aller faire entendre aux Suiſſes, juſques à ce que les Officiers de la Nation parlans François, ayent eſté recevoir eux-meſmes les ordres de la propre bouche du Roy en l'abſence de Monſieur leur Capitaine, & pour oſter la peine à Meſſieurs les Capitaines des Gardes François du Cors, ſous pretexte de faire entendre l'intention de ſa Majeſté aux Suiſſes, de s'attribuer le pouvoir de les commander, au prejudice de l'inſtitution de la Compagnie deſdits Cent Suiſſes, & intention de ſa Maieſté. L'ordre qu'il pleût au feu Roy Louys XIII. de donner à Monſieur le Comte de la Marck leur Capitaine, en l'année mil ſix cens dix-ſept, iuſtifie aſſez cette premiere obiection eſtre bien établie : Ce ſont les propres termes : *Le Comte de la Marck Capitaine des Cent Suiſſes, Vous choiſirez ſept Suiſſes d'entre les Cent, compris celuy qui les commandera, pour les envoyer à Blois prés la Reyne noſtre tres-honorée Dame & Mere, à laquelle ils obeïront en ce qui leur ſera par elle commandé. Faiz à Paris le vingt-deuxieſme iour de May mil ſix cens dix-ſedt. Signé,* LOVYS, *& plus bas,* DE LOMENYE. Cet ordre & ces mots, *par elle commandé,* ſont aſſez ſignificatifs & ſuffiſans, pour détruire le pretendu Reglement de mil ſix cens onze, parce qu'il eſt conſtant que la Reyne-Mere avoit lors des Officiers des Gardes François du Corps qui repreſentoient Meſſieurs leurs Capitaines.

Remarquez ces mots, *pour raiſon de la faction de la Charge de Monſieur le Marquis de Vvardes,* & les ſuivans, *pour oſter tout ſujet de contention.* Or il eſt certain, que contre l'intention de ſa Majeſté, ce Reglement du 17. Fevrier cy à coſté, a plus fait naiſtre de contention par ſon ambiguité, ſes termes équivoques, & l'ambition d'empieter de quelques-uns des Officiers des Gardes François du Corps, qu'il n'en a aſſoupy : L'experience le fait voir.

RÉPONSE. Monſieur le Marquis de Vvardes n'a iamais entendu faire regler, moins retrancher les prerogatives & honneurs que les Officiers de la Compagnie deſdits cent Suiſſes ont de prendre le mot & les ordres du Roy en ſon abſence, puis qu'ils l'ont toûjours eû de tout temps, & qui ne leur ont iamais eſté conteſtez, ny mis aucun empeſchement en la ioüiſſance d'iceux de la part de Meſ-

M ij

Conſeil, A Ordonné & ordonne, que d'ores-en-avant leſdits 12. Suiſſes, qui doivent coucher au logis de ſa Majeſté, ſeront appellez par leur Clerc du Guet, en meſme temps que l'on appelle les autres grands Guets du Corps, comme de tout temps ils ont accoûtumé d'en uſer ; Et pour la nuit ils recevront le commandement du Capitaine des Gardes qui ſera en Charge, & le iour venu, ſi quelque commandement leur doit eſtre fait, ils le recevront de leur Capitaine, s'il y eſt à preſent, & en ſon abſence ledit Capitaine des Gardes du Corps de ſa Majeſté fera entendre audit Lieutenant & autres Officiers qui commandent, les intentions de ſa Maieſté, pour y eſtre par eux obey. Fait à Paris les iour & an ſuſdits.

Reglement fait le 17. Fevrier 1656. ſur le different meu par le Marquis de Vvardes Capitaine des cent Suiſſes de la Garde ordinaire du Corps du Roy, & les quatre Capitaines des Gardes du Corps de ſa Maieſté, pour raiſon de la fonction de ſa Charge, SA MAIESTE' vou-

sieurs les Capitaines des Gardes Françoises, de les recevoir ; Le Roy glorieusement regnant sçait qu'il a toûiours eu la bonté de le donner, iusques à present, aux Officiers de la Compagnie des cent Suisses, en l'absence de Monsieur leur Capitaine.

Le suiet du Reglement de l'an 1656. n'a esté que pour raison de la fonction de sa Charge, & des préseances & postes des personnes de Messieurs les Capitaines en general des Gardes du Corps. Il ne faut que lire l'intitulé du mesme dit Reglement. Les Officiers des cent Suisses n'ont iamais fait aucune action qui les ait rendus indignes de la continuation de cét honneur, comme ils esperent de la generosité & équité du Roy, que sa Maiesté les maintiendra dans leurs anciens droits & honneurs, estant d'ailleurs de la gloire & de la seureté de la personne des Roys, que les Corps & Compagnies soient indépendantes les unes des autres, par la raison qui est inserée dans le Chapitre septiesme du Livre des Privileges des Officiers du Roy, & Maisons Royales, imprimé és années 1661. & 1663. au sceu & de l'aveu de Messieurs les Capitaines des Gardes Escossois & François du Corps, & autres grands Officiers de la Maison, qui ont donné chacun leur Chapitre : Lequel Chapitre septiesme contient, que la Compagnie des cent Suisses a esté des premieres de la Garde ordinaire du Corps, & est encore la premiere levée, en faveur de la premiere Alliance du Roy avec les Huit anciens Cantons, n'y en ayant alors que ce nombre-là, qui a donné lieu à tous les Privileges ; Et sa Majesté leur fit l'honneur, pour l'estime qu'elle faisoit de la Nation Suisse, de la confiance qu'elle avoit en elle, de la faire Garde ordinaire de son Corps, & fut appellée la Compagnie d'Alliance. Et pour preuve de cela, l'ancien Drapeau de la Compagnie qui est au Païs, estoit fait des livrées du Roy, chargé des Armes de France, & de celles desdits huit Cantons, avec cette devise qui se voit encore dans le Drapeau d'aujourd'huy, *E A EST FIDVCIA GENTIS*, qui veut dire, Qu'à la fidelité on connoist la Nation. Cette Compagnie desdits cent Suisses subsiste depuis un temps qu'on peut nommer immemorial, le principal motif pour lequel elle a esté crée estant pour estre iour & nuit la garde tres-fidele & asseurée des personnes sacrée, des Rois, ainsi qu'elle a esté & est depuis la creation, sans interruption, le moindre exemple, indice ny accusation du contraire. Les Suisses qui composent ladite Compagnie, quoy qu'anciens Gardes ordinaires du Corps, ainsi que les Escossois & François, couchent meflez fur les paillaffes parmy ceux-là exprés, afin que fi une Nation pouvoit eftre corrompuë, que les autres ne le fuffent pas. Cette Compagnie des cent Suiffes a fes propres Officiers, & fa Iuftice à part envers elle & pour elle, indépendante d'aucun Corps ainfi que les Regimens des Gardes, & autres Regimens & Compagnies franches des Suiffes ; a un Officier tous les iours à porte ouvrante du Louvre, qui monte en haut au réveil & lever du Roy avec un bafton de commandement, autrement dit de Capitaine des Gardes, vulgairement par erreur, d'Exempt, pour marque qu'il eft de fervice, & recevoir les ordres de la propre bouche de fa Majefté ; ce qui s'eft pratiqué fans difcontinuation de Roy en Roy. Il ne fe trouvera pas que iamais aucun Officier de ladite Compagnie des cent Suiffes, ait pris l'ordre d'aucun Capitaine des Gardes Efcoffois & François du Corps ; ce qui iuftifie, joint à l'ordre du Roy de l'an 1617. que le pretendu Reglement obtenu par furprife en 1611. a efté reconnu infoûtenable, & que le Colonel Galaty a efté fupris : Il ne s'agiffoit que du differend de l'appel des douze Suiffes du Guet, & non du commandement, de l'ordre, ny de faire entendre les intentions du Roy ; ce qui fe voit par le feul afpect de l'intitulé dudit pretendu Reglement dudit an 1611. & puis que depuis 59. ans en ça qu'il eft fait, il n'a point efté obfervé ; quand au commandement & à l'ordre, ledit Corps de la Compagnie des cent Suiffes, les Officiers d'iceluy font en poffeffion de l'honneur de le recevoir directement de la bouche du Roy en l'abfence de Monfieur leur Capitaine, & les Officiers defdits cent Suiffes feroient bien mal-heureux, fi on vouloit faire leur condition moindre que celle d'un Enfeigne du Regiment des Gardes Suiffes, lequel reçoit l'ordre du Roy en l'abfence du General, du Colonel, de fon Capitaine & Lieutenant : Si cela avoit lieu, il fembleroit que les Officiers Suiffes du Regiment des Gardes, en l'abfence de Monfieur leur General, deuffent prendre l'ordre du Meftre de Camp du Regiment des Gardes François ; & telle chofe donneroit fujet à Meffieurs des Cantons, de croire que fa Majefté auroit diminué l'affection qu'Elle leur a témoigné jufques à prefent, & voudroit donner atteinte à l'Alliance, aux Privileges, honneurs, droits & prerogatives defquels les Officiers de leur Nation ont ioüi de tout temps.

OBIECTIONS SVR CEDIT REGLEMENT
de 1656. que continuent lesdits Officiers des cent Suisses.

Premier Article du Reglement fait le 17. Fevrier 1656.

Que le Marquis de Vvardes en la quaté de Capitaine des cent Suisses de la Garde ordinaire du Corps de sa Maiesté, est ny de sa Maison.

1. Que les Officiers & Gardes du Corps ne pourront couper ledit Marquis de Vvardes quand il sera devant sa Maiesté.

3. Que ledit Marquis ne pourra estre derriere sa Maiesté avec les autres Capitaines des Gardes du Corps; mais qu'étant en quelque assemblée, au Sermon, ou à la Comedie, il pourra prendre place devant & à costé de sa Maiesté, avec les principaux Officiers de sa Maison.

4. Que dans tous les lieux & maisons particulieres où sera le Roy, les Gardes du Corps Escossois & François prendront les clefs de toutes les portes; que les cent Suisses pourront demeurer dans la Cour, & ne seront commandez que de leur Capitaine.

PRemierement. Puis qu'il n'est pas dit, sans l'avoir en sa garde, il ne laisse pas de garder le Roy sans en estre responsable.

Capitaine des Gardes du Corps du Roy, sans neantmoins estre chargé de la personne de sa Maiesté.

2. En l'absence du Capitaine le Lieutenant commande, aprés l'Enseigne; & on pouvoit faire mention en cet Article de la part de Monsieur de Vvardes.

3. On devroit avoir dit des Officiers des cent Suisses, du moins des hauts, comme sont les Lieutenans & Enseignes; ces premiers, qui ont leurs Provisions du Roy; Et notez que dans chaque Provision il est marqué, pour en ioüir, comme ont fait ses devanciers, des mesmes honneurs : les mesmes honneurs sont de recevoir par les Officiers des cent Suisses les ordres du Roy de sa propre bouche, en l'absence de Monsieur leur Capitaine; on ne peut de droit les priver, à moins que sa Maiesté ne l'ordonnast, d'autant qu'iceux Officiers n'ont esté avertis de ces pretendus Reglemens, ny entendus en leurs raisons sur iceux.

4. Dans tous les lieux & maisons particulieres, par exemple où le Roy va en visite, disner, soûper, ou au Bal, les Gardes François demeurent dans les anti-salles, ou anti-Chambres, qui leur servent de salle ou Corps-de-Garde, qu'ils gardent; & les Suisses tiennent les premieres portes, pour empescher que personne n'entre que ceux de la Cour, qui doivent entrer, qu'ils connoissent mieux, eux estans ordinaires, & les Gardes François ne servans que tres-peu de temps en chaque année. On peut citer mille endroits sceus de toutes les personnes de qualité de la Cour non interessées, qui sont pleins de vie; le Roy mesme pourroit s'en souvenir de quelques-uns, comme de chez feu Monsieur le Cardinal Mazarin, Messieurs le Chancelier Seguier, les Mareschaux Duc de Villeroy, de Grandmont, de Roquelaure, de Crequy, de l'Hôtel de Ville, aux Fglises de Religion où il y a Chœur, comme aux Feüillans & ailleurs, aux Iesuistes, &c.

. Le pretendu Reglement obtenu par furprife en 1611. fans parties oüyes ny connoiffance de caufe, n'a efté qu'à l'égard de la pretention de Meffieurs les Capitaines des Gardes François fur le Guet, pour la nuit feulement, par lequel il eft dit, qu'en l'abfence du Capitaine des Gardes Suiffes, qui n'eft iamais cenfé eftre abfent, y ayant toûjours des Officiers qui le reprefentent ; celuy des Gardes en quartier fera entendre, s'entend apres le Guet appelle (veritable explication de l'intention du Roy) s'il y a quelque chofe à faire pour le fetvice de fa Majefté pendant la nuit, parce qu'il n'y a plus d'Officier qui le commande, le mefme de la Compagnie des cent Suiffes qui l'a appellé fe retirant tous les foirs, ne couchant plus dans la falle des Gardes où font les paillaffes, exprés pour n'avoir pas à recevoir l'ordre de Meffieurs les Capitaines des Gardes François, qui ne font pas leurs Capitaines. Et comme cet Article 4. du pretendu Reglement dernier, nommé ainfi, parce que les Officiers defdits cent Suiffes n'ont efté appellez ny oüis, n'a de force qu'autant que celuy de l'an 1611. en a ; cedit Reglement de 1611. obrenu comme dit eft, & pour cette caufe ce mefme Article 4. ne peut & ne doit fubfifter : Et qu'ainfi ne foit, aux obfeques qui fe firent à S. Denis du Roy défunt en l'an 1643. les Suiffes de la Compagnie des cent, outre les barrieres & portes de la nef, firent une croifade d'halebardes au devant de la porte du Chœur, eurent les tantures de ladite nef, & leur Enfeigne avec le Drapeau eftoit avec feu Monfieur le Duc de Boüillon la Marck Capitaine, en dedans du Chœur, fans que Meffieurs les Capitaines des gardes du Corps y trouvaffent à redire.

En l'année 1650. à la fin d'Octobre, apres le premier fiege de Bordeaux, le Lieutenant des cent Suiffes, lors que le Roy alla vifiter fon Armée navale, eftant dans le Vaiffeau fur lequel fa Majefté eftoit montée, avec la moitié du Guet defdits cent Suiffes, & & une partie des Gardes François du Corps ; & le refte des gardes du Corps François & Suiffes furent mis les premiers dans une Barque, voguant à la droite du Vaiffeau fur lequel eftoit fa Majefté, & les derniers commandez par le fieur F. de Beffon fils aîné leur Officier, dans une autre Barque voguant fur la gauche, que Monfieur le Marefchal Duc de Villeroy, lors Gouverneur du Roy, commanda de la part & en prefence de fadite Majefté d'eftre ainfi feparez.

Au mefme mois d'Octobre dudit an 1650. dans la mefme Ville de Bordeaux, au Palais de l'Archevefque, où logeoit le Roy, mon-

dit fieur de Villeroy (fa Majefté prefente) & Monfieur de Villequier alors Capitaine des Gardes en quartier, maintenant Duc
d'Aumont, fur les plaintes qu'aucuns du Parlement de cette Ville-
là firent, qu'on leur avoit refufé l'entrée de la porte du premier
Bal que le Roy y donna; au fecond Bal, dit au mefme de Beffon,
qui tenoit avec les Compagnons Soldats gardes Suiffes du Corps
de la Compagnie des cent, la barriere & premiere porte du bas de
l'efcalier dudit Archevefché, de laiffer entrer toutes les perfonnes
qui auroient apparences d'eftre honneftes gens.

En 1651. à la Majorité du Roy, les Suiffes au Palais avoient la barriere au devant la Sainte Chapelle, & la premiere porte du Parquet
de la grande Salle à leur ordinaire, ainfi qu'ils gardoient encore le
mefme lieu, fa Majefté tenant fon Lit de Iuftice pour l'affaire de
Monfieur le Prince, & de celle des Ianfeniftes, excepté la fois que
ce fut à huis clos, auquel cas les Gardes François ne font pas dans
la grande Chambre, mais feulement dans ledit Parquet.

Remarquez que pendant la Regence de la feuë Reyne Mere,
qui a duré depuis l'année 1643. iufques à 1651. Meffieurs les Capitaines de la Garde du Corps Francois, ont fait tout ce qu'ils ont pû
pour obtenir permiffion de traiter de la Compagnie des cent Sui-
fes, pour la commander chacun dans fon quartier ; mais à caufe de
la confequence, jamais leurs Majeftez n'ont voulu y confentir.

En la Campagne de l'année 1655. pendant laquelle le Roy fut à
Soiffons, à la Fere où le quartier d'Avril fut relevé par celuy de
Iuillet, Monfieur le Marquis de Gefvres à prefent Duc de ce nom,
lors Capitaine des Gardes François, & de quartier audit lieu de la
Ferre & à Guife, voulut faire appeller le Guet des douze gardes
Suiffes du Corps, le fit appeller de fon authorité en fa prefence
cinq ou fix fois, iufques à ce que ledit Beffon l'aifné lors en fervice,
arrivant de Paris, ayant veu cette nouveauté, & en ayant informé
Monfieur le Marquis de Vvardes nouvellement receu, Capitaine
Colonel defdits cent Suiffes, mondit fieur de Vvardes s'en plaïgnit
à Monfieur de Gefvres, lequel foûtenoit qu'il avoit ce pouvoir
par fa Charge de Capitaine des gardes Francois du Corps. L'affaire vint au Roy & à la Reyne Mere, & à Meffieurs les Miniftres.
Pendant l'information du different, il fut dit qu'aucun Officier
des gardes du Corps Francois, ny des gardes du Corps Suiffes n'ap-
pelleroient le Guet, & iufques à ce que l'affaire fuft decieée, que
les fieurs de Combouro, autrement Marquis de la Bretefche Lieutenant

ténânt des Gardes François du Corps, & le mefme Beſſon l'aiſné Enſeigne des Gardes Suiſſes du Corps, ſe trouveroient apres le couché du Roy pour compter le nombre d'hommes du Guet, ſans les faire appeller par leurs noms; ce qui dura huit ou dix iours : Enfin au Camp de Louvigny ſous Bavay en Henault, l'affaire eſtant jugée ſelon le droit & l'uſage, l'ordre & le mot fut continué d'eſtre pris du Roy, & le Guet appellé par les Officiers deſdits cent Suiſſes, comme cela a de tout temps eſté pratiqué iuſques à preſent.

En la Campagne derniere dite cy-deſſus pendant le quartier de Iuillet d'icélle, la Cour eſtant à la Ferre, lorſqu'on eut avis qu'un Camp-volant de Cavalerie de Monſieur le Prince eſtoit à Riblemont, que de ſes partis & coureurs avoient paru à la portée du Canon dudit lieu de la Ferre; ce qui fit reſoudre la Cour d'aller à Soiſſons, le Roy fit l'honneur audit Enſeigne Beſſon, de luy commander de laiſſer trente de ſes Gardes Suiſſes avec un Exempt dans la Ferre, la Garniſon eſtant foible, & de le ſuivre avec le reſte de la Compagnie des cent Suiſſes : Et en ſuite ſa Maieſté s'eſtant miſe hors la Place, à cheval à la teſte de ſes Gens-d'Armes & Chevaux-Legers, commanda encore au meſme Beſſon, en preſence de Monſieur de Geſvres, lors en quartier de Capitaine des gardes du Corps François, d'eſcorter la Reyne Mere, de ne point abandonner ſon carroſſe dans la marche de cette courſe. toute la nuit qu'elle dura, iuſques dans la ville de Soiſſons, où les Bourgeois eurent l'honneur de monter la Garde. Et pour faire revenir ledit Exempt avec leſdits trente Suiſſes, le Roy donna encore ordre à Beſſon, le tout en l'abſence de Monſieur ſon Capitaine Colonel, & des Lieutenans, qu'il executa, ſans que meſdits ſieurs les Capitaines des Gardes Eſcoſſois & François du Corps en ayent parlé.

En l'année 1657. le 9. d'Avril, ce Beſſon l'aiſné encore alors unique Enſeigne, & comme tel ſervant ordinairement, receut Lettre de Cachet au lieu & en l'abſence de Monſieur le Marquis de Vvardes & des Lieutenans, pour commander des Suiſſes du Roy pour le ſervice du défunct Roy de Portugal.

•Item, le 20. Iuillet de l'année 1658. Monſieur de Saintot Maiſtre des Ceremonies, rendit encore une autre Lettre de Cachet du Roy au meſme de Beſſon cy-deſſus, qui ſe rencontra alors à Paris, nouvellement revenu de la Cour, pour en l'abſence de Monſieur le Marquis de Vvardes, qui eſtoit à Calais prés de ſa Majeſté, & des Lieutenans, commander des Suiſſes à Noſtre-Dame de Paris pour le *Te Deum*, en action de graces de l'heureux recouvrement de la santé de sa Majesté. Si Messieurs les Capitaines des gardes François du Corps avoient eu droit de donner l'ordre aux Officiers de la Compagnie des cent Suisses en l'absence de Monsieur leur Capitaine, ils l'auroient fait, & on n'auroit pas toûjours donné les ordres & Lettres de Cachet ausdits Officiers desdits cent Suisses, en l'absence de Monsieur leur Capitaine Colonel.

Depuis au Carouzel, ainsi qu'és assemblées, tout Paris à veu les Suisses du Corps tenir les barrieres.

Au quartier d'Avril 1668. Monsieur le Chevalier de Fourbin ayant dit à un Exempt des cent Suisses, de la part du Roy, de faire monter les Suisses en haut à la porte la Terrasse du vieux Chasteau à Saint Germain en Laye, où on travailloit alors, pour empescher les Laquais d'y entrer, ledit Exempt obeït, croyant de bonne foy que sa Majesté l'avoit ordonné; apres quoy sur quelque soupçon il fut demander au Roy s'il avoit commandé qu'on mit des Suisses à la Terrasse, sa Majesté dit que non, & qu'il n'estoit pas besoin qu'on en mît qu'elle ne l'ordonnast Elle-mesme: Et en suite sadite Majesté demanda audit Chevalier, pourquoy il avoit commandé ces Suisses, lequel repartit pour excuse, que c'estoit pour empescher que les Laquais n'entrassent sur la Terrasse; auquel sa Majesté fit le mesme discours que dessus, qu'à l'Exempt des cent Suisses.

Et tout de nouveau vers la fin de Novembre de l'an 1669. à Nostre-Dame de cette Ville de Paris, au Service de la feuë Reyne-Mere d'Angleterre, les gardes du Corps François ayant osté de hautelutte les barrieres & portes de la Nef où estoit le sieur Benjam Vict, & fait une confusion, Monsieur le Marquis de Charost arrivant, la voyant extraordinaire, & les Suisses dans ladite Nef sans exercice; leur demanda pourquoy ils n'estoient à leurs postes, ils luy dirent que S. Maury Exempt aux Ceremonies, avec les Gardes, les en avoient osté, disans que c'étoit de la part du Roy: Mais Monsieur de Charost pour remedier au desordre qui s'augmentoit aux entrées, pria les Officiers Suisses de retourner reprendre lesdits postes & barrieres, disant audit S. Maury qui resistoit de s'en retirer, qu'il le feroit trouver bon à Monsieur le Comte de Rochefort, à present Capitaine des Gardes Francois, de quartier.

Ces exemples recens desdites années 1643. 50. 51. 55. 56. 57. 58. 59. 68. & 1669. outre les anciens, prouvent de reste la possession du droit que les Officiers Suiſſes ont de prendre le mot, & recevoir les ordres & commandemens du Roy en l'abſance de mondit ſieur le Marquis de Yvardes leur Capitaine, & de tenir les premieres portes & barrieres. Il y a tant d'autres exemples qui ne le juſtifie-roient pas moins, que l'on ne met icy, pour ne pas ennuyer ſa Ma-jeſté, ny abuſer de ſon precieux temps, ny Meſſeigneurs les Mi-niſtres. Meſſieurs les Capitaines des gardes du Corps n'en diſ-conviennent pas, ſeulement ils alleguent que c'eſt par ſouffrances & à leurs prieres ; à quoy les Officiers des cent Suiſſes repliquent, que ce ſont dires qui ne ſont ſoûtenus d'aucuns exemples, ny preu-ves ; & qu'au contraire les Officiers deſdits cent Suiſſes en citent, & ſont en poſſeſſion.

5. Sa Majeſté eſt tres-humblement ſuppliée de donner tel éclair-ciſſement & explication qu'il luy plaira pour l'intelligence de cet Article 4. pour y obeïr avec tout le reſpect qui luy eſt deub, apres qu'elle aura eû la bonté de s'eſtre reſſouvenuë que de tout temps ſes Suiſſes de la garde ordinaire de ſon Corps ont toûjours tenu les premieres portes, meſme ſur des eſcalliers, & toutes les barrieres ſans exception ; ce qui peut eſtre verifié par mille exemples notoi-res depuis les pretendus Reglemens dudit an 1611. & encore depuis celuy du 17. Fevrier 1656. ainſi qu'il eſt marqué cy-deſſus. Et il n'eſt pas inoüy meſme que leſdits cent Suiſſes n'ayent tenu & gardé des portes des Chœurs des Egliſes, outre celles des Nefs, en des Cere-monies où Voſtre Majeſté n'eſt point, les gardes du Corps Fran-çois eſtant aux ſeparations de places de Princes, Seigneurs, Am-baſſadeurs, & Cours Souveraines de Parlemens, & autres Corps, pour empeſcher les conteſtations des rangs & préſeances.

5. Qu'aux iours de Ceremonies, Bals, Balets, les cent Suiſ-ſes n'auront non plus de droit à pretendre la garde des portes & barrieres, que les Ca-pitaines des Gardes en quartier à le leur commander.

6. Les Suiſſes ont toûjours entré dans les galleries avant ce Re-glement, ainſi on ne leur a rien accordé de nouveau ; la regle eſt, qu'où il y a des gardes Eſcoſſois & François, il y a des gardes Suiſ-ſes ; cela eſt trivial, & s'entend pour tout le reſte, afin, comme il y a déja eſté dit, que ſi une Nation pouvoit eſtre corrompuë, que les autres ne l'eſtant pas, il ne ſe paſſa rien au preiudice du ſervice, ny de la perſonne ſacrée des Rois.

Il n'a pas eſté beſoin d'Ordonnance nouvelle ſur ce ſuiet ; les Suiſſes ont touſiours auſſi entré dans la Salle où la Cene ſe fait ; le moins a eſté ceux du Guet, ſelon l'étenduë des lieux, & ſont mis proche la Table où ſont les mets. Pour cette Ceremonie les douze Suiſſes du Guet ont de la toile. De plus, il y a pluſieurs exemples

6. Qu'aux lieux particuliers, comme dans les Galleries, les Suiſſes n'y doivent point entrer qu'au iour de la Cene, & aux Feſtins, pour porter les plats ; & lors que le Roy ira dans les Iardins par-ticuliers, les Suiſſes y pourront entrer ſans faire aucune fonctiõ.

que lesdits Suisses du guet ont partagé par portion avec les gardes du Corps François du guet, les bougies & flambeaux qui restent dans la Salle des Gardes, & autres lieux où les Bals, Comedies & Balets se font.

7. On n'a pas eû besoin de faire Reglement sur, & pour des choses non contestées, & pour lesquelles les Officiers des cent Suisses sont en pleine possession, comme ils ont esté de tout temps. Ils en ont eu & porté des bastons de commandemens en toutes les Ceremonies, mesmes où les gardes Suisses n'estoient pas; cela se voit tous les iours dans les Cabinets, Chambres, Anti-chambres, Galleries, Salles des Bals du Roy, Sa Maiesté y estant, dans lesquels lieux où les Huissiers sont, les Officiers des gardes François & Escossois n'ont pas plus de fonction qu'eux, ces lieux estans de la dépendance de Messieurs les Premiers Gentils-hommes de la Chambre.

8. Il estoit necessaire de cotter quels Reglemens ont esté faits pour les marches, au moins les dattes, pour y avoir recours en cas de besoin, & pour instruire les nouveaux venus, pouvant d'ailleurs dans la diversité y avoir de la contrarieté. Et si les gardes du Corps Suisses n'ont iamais contrevenu, ny eu differend pour cela, il estoit inutile d'en parler. Le Reglement fait en 1578. porte que les Archers des gardes suivront le Roy lors qu'il sortira, en troupe derriere sa Maiesté, & non en filé, excepté quand la Reyne & les Dames y seront; auquel cas ils suivront derriere & à costé pour leur faire place.

9. De tout temps & par tout le Capitaine des cent Suisses n'a esté separé des autres Capitaines des gardes du Corps Escossois & Francois, qu'autant qu'ils ont esté en fonction, à cause des differents postes.

10. Il estoit necessaire de marquer le Reglement de l'an 1585. celuy de 1578. est ainsi expliqué : *L'ordre que le Roy veut estre tenu par les cent Suisses de sa Garde ordinaire, quand il viendra un Ambassadeur pour le saluer, se trouvera au pied de l'escallier un des Lieutenans ou Officier des Suisses de la Garde du Corps, avec le Tambourin & Fiffre; & seront lesdits Suisses d'un costé & d'autre dudit escalier.* Remarquez qu'il n'est point dit, *commenceront leur haye où finira celle des François.*

conformément au Reglement de l'an 1585.

Le Reglement de l'an 1585. porte, que les Suiſſes feront haye iuſques dans la Salle des gardes Eſcoſſois & Francois. Si les gardes Francois du Corps vouloient faire filer leurs Compagnies iuſques au milieu de la court, & à la premiere porte qui ferme la Maiſon du Roy, ce qui leur eſt tres-facile maintenant qu'ils ſont en tres-grand nombre; à prendre l'Article 10. au pied de la lettre de ce dernier pretendu Reglement du 17. Fevrier 1656. & la haine qu'ils ont pour les Suiſſes, leſdits gardes Suiſſes du Corps ſeroient mis dehors la Maiſon de ſa Maieſté; mais ils n'aprehendent pas que cela arrive, car la bonté du Roy ne le permettra pas. Cedit dernier Reglement peut cauſer de la confuſion, comme il eſt dit cy-deſſus, c'eſt pourquoy leſdits Officiers ſupplient ſadite Maieſté, de declarer comment il luy plaiſt qu'il en ſoit uſé, afin qu'ils s'y conforment de tout leur pouvoir pour la bien ſervir & avec reſpect, comme ils y ſont obligez, & en ont l'affection. Hic.

Remarquez qu'au Sacre du Roy fait à Rheims le 7. Iuin 1654. toute la Compagnie des cent Suiſſes, Drapeau déployé, Tambour battant, fut en haye des deux coſtez, depuis la porte de l'Antichambre du Roy tout le long de la Salle des Gardes du Corps François, iuſques ſur le pont fait pour la marche de la Ceremonie, de l'Archeveſché où eſtoit logé le Roy, à l'Egliſe; & il n'y eût que la Salle du Palais Archiepiſcopal qui ſervit de Salle & Corps-degarde à toutes les Compagnies des Gardes du Corps Eſcoſſois, François & Suiſſes, tant de iour que de nuit; ce qui fait voir les poſtes que les Suiſſes du Roy poſſedent, & en des Ceremonies ou tout eſt diſputé.

Ce iour à cette Ceremonie-là, les cⁱ Gentilt-hommes à Bec-Corbins commandez par Monſieur d'Humieres, ſervirent de Gardes du Corps.

Ce meſme Beſſon Enſeigne, vétu en habit de Ceremonie, y fut, entra & demeura dans le Chœur, avec le Drapeau, pendant tout le temps que la Ceremonie du Sacre dura.

Idem, au Mariage du Roy à S. Iean de Lus pareillement.

Au retour tout le long de la route il eut l'honneur de recevoir l'ordre & le mot du Roy, qui dura iuſques environ le 27. Iuillet 1660. que l'Entrée pour la vertueuſe Reyne Marie Thereſe ſe fit à Paris.

11. L'article 9. de ce pretendu Reglement, l'onzieſme & dernier cy à coſté, ſont preſque de meſme nature, la reponſe de l'un pouvant ſervir de réponſe à l'autre. *11. Qu'aux Ceremonies où les Capitaines des Gardes auront un banc, le Capitaine des cent Suiſſes y aura ſa place.*

Remarquez que les Articles du Reglement de l'an 1611. & les 4. 5. 7. & 10. de celuy de l'an 1656. peuvent eſtre cenſé captieux, s'ils ne ſont de la part de la Puiſſance.

Les meſmes Officiers de la Nation de la Compagnie des cent Suiſſes n'ayant rien tant à cœur que de plaire, d'agréer, obeïr & bien ſervir ſa Majeſté, l'aſſeurent que quelques Reglemens qu'il luy plaira faire, & leur ordonner, aprés qu'elle aura eſté informée de leurs raiſons, poſſeſſions & droits qu'ils ont, & tiennent de ſa bonté, tels que ſeront ſes commandemens & ordres dont il luy plaira les honorer, qu'ils s'y ſoûmettront & obeïront aveuglement avec toute la ſoûmiſſion, les reſpects, l'affection & la fidelité qu'ils luy doivent. Voilà la concluſion de leurs tres-humbles Remontrances, & quels ſont leurs ſentimens, leſquels font & feront toûjours des vœux pour la ſanté & proſperité de ſa tres-auguſte Majeſté.

RECAPITVLATION DES CHEFS, CAPITAINES,

*Commandants, Officiers des deux Nations qu'il y a eu, & qui sont maintenant de la Compagnie des cent Gardes Suisses ordinaires du Corps du Roy, qui y ont subordinément authorité, rang & fonction, regardant directement le service, * contenus au present Livre, icy couchez selon l'ancienneté de leurs Charges & receptions, & en Offices d'aucuns d'eux, que le sieur F. Besson l'aisné, Escuyer, de pere en fils l'un d'iceux en qualité de Capitaine Enseigne, &c. a colligé de quelques Manuscrits, Rolles & Provisions de la formation des hauts, moyens & bas Officiers, commencée sous Loüis XI. venu à la Couronne en Iuillet 1461. qui donna aux Suisses pour eux & leurs veuves seuls en 1481. les exemptions & franchises exprimées dans le* Livre fait de titres de quelques Privileges de Suisses en France, intitulé, Abregé du Recüeil de Patentes, Chartres & Declarations concernans les mesmes exemptions, *pour les causes qui composent l'extrait en feüille volante, tiré sur le dernier & mesme Livre desdites Patentes, portant ces mots,* Motifs & fins pour lesquelles les Privileges ont esté octroyez à la Nation Suisse, &c. *& depuis iusques à present, sous Sa Maiesté glorieusement Regnant: Premierement pour lever & former la Compagnie des cent Suisses, furent créez à servir ordinairement, ainsi que les Soldats font.*

SCAVOIR.

VN Lieutenant Suisse, Chef Commandant sous le Roy le nommé   en mil quatre cens, & ......
du Canton de

Vn Enseigne du Canton de   nommé

Vn Statthalter, dit Vice-Lieutenant, que l'on a appellé depuis par erreur & ignorance de la Langue Allemande, Exempt, pour soulager, au defaut & en l'absence des Capitaines, Lieutenans & Enseignes, commander & répondre du service, du Canton de   nommé

Vn Ober Fourir, dit Fourier, Major, ou Grand Fourier.

Vn Under Fourir, dit Sous, ou Petit Fourier, & un Porte-

Enseigne, tous Helvetiens.

Apres

Sous Charles VIII. qui vint à la Couronne en Aoust 1483. Sa Majesté estant à Lyon le 27. Fevrier 1496. de son regne le 14. créa le premier Capitaine François sur les cent hommes de guerre Suisse, pour les conduire, gouverner, faire servir & payer, Louys de Menton Escuyer, sieur de Lornay.

En 1498 Louys XII. vint à la Couronne. Audit an 1496. Mᵉ Louys de Ponchier, Conseiller, Notaire Secretaire du Roy, avoit la Commission de payer lesdits cent Suisses, distribuoit l'argent à l'Officier Commandant de leur Nation, qui les payoit toutes les semaines à raison de douze liv. par mois.

Second Capitaine François desdits cent Suisses, fut Guillaume de la Marck, enterré à Sainte Maure prés Fontenay en Poictou, le 20. May 1516.

En 1514. François I. vint à la Couronne. Henry de la Marck fils de Robert, fait Mareschal de France, sous le nom de Fleurange sous François I.

En 1520. Guillaume Frælich Colonel, Capitaine Lieutenant Suisse desdits cent.

En 1536. Henry II. vint à la Couronne. Henry Robert de la Marck Capitaine des cent Suisses, se fit Huguenot sous Henry II. à cause de ce le commandement luy en fut osté.

En 1559. François II. Charles Robert Comte de Brayne, & de Montlevrié, Duc de *En 1561. Charles IX.* Boüillon, eût la Commission de Charles IX. de commander la Compagnie des cent Suisses.

Henry III. en Avril 1575. Vn Colonel Pfiffer, fut Lieutenant Suisse des Cent.

En 1576. un Colonel Greder estoit Lieutenant Commandant, Suisse de la Compagnie des Cent.

Hans Henry Vvirtz Catholique Romain, quoy que du Canton de Zurich, Statthalter, enterré dans l'Eglise S. Eustache le 13. Novembre 1577. cette Charge est possedée à present par le ieune F. A. Besson, du quartier d'Octobre; alors tous les Officiers desdits cent Suisses estoient ordinaires.

En cettedite année 1577. estoit Lieutenant Suisse le Colonel Touquener.

En 1578. d'Estiveau estimé, domestique de Charles Robert, comme premier Interprete, en suite en qualité de Commissaire à la conduite, enfin de Lieutenant François desdits cent Suisses.

En 1580. Pardaillant fut veritable Lieutenant François des cent Suisses.

Donna

Donna la furvivance de la Charge de Capitaine des cent Suiſſes à Henry Robert de la Marck ſon fillio, fils de Charles Robert cy-deſſus, lequel Henry Robert eſt mort en 1652. enterré à Brayne.

En 1594. Maugiron Lieutenant François des cent Suiſſes.

En 1595. le Colonel Baltazar, de Greſſach eſtoit Lieutenant Suiſ-ſe des cent.

» Environ ledit an dernier cy-deſſus, Mᵉ Leonard de Tournean Commiſſaire ordinaire des guerres, eſtoit Treſorier des cent Suiſ-ſes. Voyez page 8. du Livre des Privileges des meſmes cent Suiſ-ſes, recueillis par le ſieur de Beſſon l'aiſné.

En 1597. Noël Louys de Nancel Lieutenant François des cent Suiſſes.

En   Beauregard', Brave, appella en duel un Capitaine des gardesFrancoiſes du Corps.

En   le Colonel Galaty Lieutenant Suiſſe des cent, l'é-toit auſſi en 1611. & encore en Aouſt 1618.

En 16   le Colonel Feuqueli Fribourgeois, fut auſſi Lieute-nant des cent Suiſſes.

En   I. Khaiffy, du Canton de Glaris,

En   Iacob Schleipffer, pere, Enſeigne.

En   Hans Iacob Hintz l'a eſté auſſi.

En 1605. F. Beſson, pere, Ober Fourir, dit deſſus Fourier, Grand, ou Fourier Major, a eſté depuis, le dernier unique Statthalter, eſt mort en 1654. Capitaine-Enſeigne deux fois, Veteran, Doyen en ſervice, non ſeulement des Officiers, mais encore de tous les Sol-dats gardes des cent Suiſſes.

En Mars 1606. Marolle Lieutenant François de cent Suiſſes.

André de Gontades, ſieur dudit lieu, Lieutenant Francois.

En 1615. une Charge d'Exempt Francois, la premiere de ce nom, fut creé, & n'a eſté exercée qu'environ l'an 1626. par le ſieur Duval.

En Ianvier 1620. Thibaud de la Brouſſe fut receu Lieutenant Francois, a ſervy quatorze ans.

En 1623. York Erbtz, Vnder Fourir, dit Sous-Fourier Suiſſe.

En   Gaſpard Schleipffer, grand Fourier Suiſſe.

En 1630. Pierre de Vveſte, ſieur Daraucourt, ſucceda à la Char-ge d'Exempt Francois du ſieur Duval.

Le 11. Iuin 1633. Hervé de Montreuil ſieur de la Chau, Lieutenant Francois des cent Suiſſes, a ſervy neuf ans.

En   David Kuntner grand Fourier Suiſſe.

O

En 1634. Iean Lumeau sieur Doüinville, succeda au sieur Daraucourt à la Charge d'Exempt François.

En 1637. fut fait une seconde creation de deux Exempts, pour
avec le Statthalter Besson, & l'Exempt François de Lumeau, qui
servoient ensemble ordinaire, faisant quatre testes, servir un d'eux
par quartier ; sçavoir le Statthalter en Octobre, de Lumeau en
Ianvier, Hans Mestre nouveau Exempt Suisse, qui estoit dans
la Compagnie dés le 10. Iuin 1633. en Iuillet, & Salavert nouveau
Exempt, en Avril.

Audit an 1637. Victor Vict pere, fut receu pour Petit ou Sous-
Fourier Suisse, qui estoit Compagnon il y avoit plus d'un an.

En 1640. F. Besson, fils aîné, receu Satthalter, a esté le dernier
unique Capitaine-Enseigne, Doyen des Officiers, & Veteran, au
commencement de l'an 1665.

En 1643. Guillaume de la Boissiere de Sainte Marie, Lieutenant
François, a servy dix ans.

Hans Luty, petit ou sous-Fourier Suisse.

Le Colonel F. Vonaffri a esté Lieutenant depuis l'an   jusqu'en 1645. inclus.

Environ au milieu de l'année 1643. au commencement de la Regence de la feuë Reyne Mere du Roy l'Illustre Anne d'Austriche,
qu'elle augmenta sa garde des six Suisses du Roy, de six autres ; le
sieur Iacob Bodminguer Lucernois fut choisi, & fait leur Brigadier,
avec permission de porter un baston à pomme d'argent ; en suite
d'yvoire de Commandement comme Exempt.

En 1646. Vlrich de Diesbach de Premon, Capitaine & Lieutenant Suisse desdits cent, mort en 1671. l'a esté vingt-trois ans.

Audit an F. Bardon du Meage, Exempt François à la place de Salavert, par achapt.

En 1648. Iean Antoine pour grand Fourier, mis dehors pour ne
s'estre trouvé Suisse.

En 1648. fut fait vne troisiesme creation de quatre Exempts à la
fois, pour avec le Statthalter, & les trois autres Exempts cy-dessus, faisant ensemble huit personnes, servir deux par quartier ; sçavoir, Iacob Cheter nouveau Exempt Suisse, qui estoit dans la
Compagnie dés le 19. Avril 1633. en Ianvier, Gaspar Vict pour
Exempt Suisse, qui estoit déja dans la Compagnie il y avoit quelque temps en Avril, I. Scellier, sieur de Beauregard, Exempt
François ; en Iuillet, & le mesme Salavert en cette derniere nou-

velle Charge d'Exempt François, en Octobre, à la gauche du Statthalter.

Audit an 1649. Edme Chaffot Fribourgeois de chez Monsieur du Plef. Guen. Secr. d'Eftat, vint Grand Fourier, au lieu dudit Iean Antoine, cy-deffus.

En 1651. Henry Robert Beffon Sr de Rozefort, Statthalter par démiffion gratuite de fon frere aîné, depuis Capitaine Enfeigne.

Le 11. Mars 1653. Meffire Iean de Soüillac Seigneur de Montmege, le bon Capitaine, l'a efté és années 16 . 1653. & 1654.

Audit an Philippes de la Boiffiere de Chambor, Lieutenant François des cent Suiffes, l'a efté deux ans entiers.

Le 13. May 1655. Meffire François René du Bec Crefpin, de Grimaldi, Chevalier, Seigneur Marquis de Vvardes, Capitaine Colonel.

Le 23. defdits mois & an, Thibaud de la Brouffe, Seigneur Datys, Lieutenant François.

En 1656. fut fait une creation de Fouriers François, pour avec les deux anciens Fouriers ordinaires Suiffes, faifant quatre perfonnes, les faire fervir chacun par quartier, aufquels fut divifé par de Beffon l'aîné Enfeigne ; en quatre, le département de la Compagnie.

Laurens Paftor eft le premier Fourier François, auquel le département de la ruë Montmatre fut donné, avec le quartier d'Avril, depuis il l'a changé de gré à gré en celuy d'Octobre.

Le Comte, fecond Fourier François, eut le département de la ruë Montorgueil, & le quartier d'Avril.

Audit an le fieur de la Chefnaye, autrement Dabon, qui a efté depuis Treforier aux Ligues, fut creé Exempt ordinaire fans quartier de fonction, *ad honores*.

En 1658. fut creé, de la moitié de la Charge de F. Beffon l'aifné, encore alors unique Capitaine Enfeigne Suiffe, de fon confentement, par Brevet du Roy, portant permiffion, & par l'agréement de Monfieur le Capitaine Colonel, le premier Enfeigne François en la Compagnie des cent Suiffes, René Yvonnet fieur de Moulineaux, qui commença de fervir fon premier femeftre de Iuillet audit an.

Audit an 1658. Benjamin Filt, troifiefme fils de Victor Vict, de Compagnon qu'il avoit efté, reçu en 1632. à la place de Henry fon frere, lequel quitta alors la Compagnie pour prendre party dans celle de Son Alteffe Royale Monfieur le Duc d'Orleans, fut

receu pour grand Fourier Suiſſe à la place de Chaſſot, & en 1663.
pour Exempt Suiſſe à la place de H. Meſtre.

Idem, Honoré Dabon, Fourier François, à la place de le Conte.

En 1660. Saint Silveſtre, Exempt François, à la place de la ſeconde Charge d'Exempt François de Salavert.

Le 10. Decembre 1660. Heyret Kuntner Solorois, fut receu Brigadier Vulgo, dit Exempt des Suiſſes du Roy, ſervans chez la Reyne Mere, la genereuſe & bonne Anne d'Auſtriche, à la place de feu Iacob Bodmingue par Monſieur de Vvardes Capitaine Colonel, & Monſieur de Guitault Capitaine des gardes de ladite feu Reyne Mere.

En 1661. Lhuiſlier, Exempt François, à la place de Saint Silveſtre.

En 1663. Leveſque, dit Croyers, Exempt François, à la place de Lumeau.

En 1663. Michel Vict, pour grand Fourier Suiſſe, à la place de Benjamin ſon frere, lequel M. de Fict a eſté receu pour Exempt Suiſſe en 1672. à la place de Iacob Gherer, a cedé le quartier de Ianvier à Gaſpard ſon frere aîné, au lieu de celuy d'Avril que ledit M. Fict ſert actuellement.

En 1665. Frantz Alexandre Zvvilling, ou Beſſon, un des fils de F. Beſſon L. Statthalter, à la place de Henry Robert Beſſon Rozefort ſon oncle.

En 1667. Grezilmon Exempt François, à la place de Lhuiſlier.

En 1669. Steiner l'aîné, dit Lapierre, pour petit, ou Sous-fourier Suiſſe, à la place de Luty.

En 1671. le Clerc Exempt François, a ſuccedé au nommé Leveſque, dit Croyers, par achapt, & ſervy pour la premiere fois le premier Ianvier 1672.

En 1672. George Nicolas de Diesbach, Belle-Roche Fribourgeois, Lieutenant Suiſſe, à la place de feu Mr de Premon.

Audit an 1672. le ieune Lapierre, dit Steiner, pour Grand Fourier Suiſſe, à la place de Michel de Fict.

En 1674. des Moulins à la place de Beauregard Ex. F. de Iuillet.

Idem 74. de Clamſi, à la place de Grezilmon Ex. F. Doctobre.

En May 1676. Chabanceau ſieur de la Barre, Ex. F. à la place du ſieur Bardon du Meage.

En 7bre an suis d'1676, Michel glasson frybourgeois fourrier & a la plac[e]
la piere l'ainé
[...] temps lo[r]s la Piere l'ainé [...] fourrier & a la place de son fre[re]
En Xbre 1679 Mr de Cilladet Cap[itaine] Col[onel] de la Comp[agnie] des Cent
[g]ardes suisses a la place de Mr de Wardis, & [...] 1er Janvier 1680,
fit six caporaux sans autres auantages que l'exemption de
lodition.

En Juin 1680.   Jamet d'Aagnolle a été reçu à él entré en fonction à la
second Exempt françois du feu Sr de la Bau du quartier d'avril moyennant 15500 #
en Sept. 1681 le Sr Estier de Villum a été reçu Enseigne françois à la place du Sr Rmo
à servir à l'ordinaire le second Semestre de Juillet de chasque année.
en Septembre 1682, le Sr Pastor 1er fournir françois a vendu sa charge x # à 2 pla
aus Charandonneville, qui afaye à cause d'iceux 4 f 15 # pour agrément M.
nota que Son 4 f Entre en commissaire pour son françois provenant de la reduction de 7 #
à Suisse &, voyez l'arrêt du Conseil du 3 avril 1658.
d'abon fournir françois a vendu sa charge de fournir par commandement du Roy en
un arrêt qui l'a élargi de prison sous condition de napprocher de la Cour ny de Paris
oliver le   du mois de   1684, aux Sr Jarquinot Sr de
Juin 1685 le nommé   fivsy qui étoit gendarme à été reçu fournir à la place du
du an 1685 le Sr   Du fierme a été reçu Exempt à la place du susy nommé Lagnolle M.
lequel Lagnolle m'a donné 2 # a m r le cap m es p r l'agrément du du Sr
8 Mil # à même an 1685 Mr de Villar a été reçu en survivance de la charge de l'huitiane françois
brosse datis son Cousin y a servy quelg semaines ou la saison du Sr dati.
Pim au d'an 1685 le Sr de fontinay de paris fils d'un ad qui fut reçu Exempt françois à la
r. Clerc moyennant 19 Mil # qu'il a paye. Am de Villader qui m'a donné 3 # aux
du d'estime le Clerc.
m au an 1685. M Poulau d'Lion originaire d'St Etiene en fort dement au Lion a été reçu
puisqu'il difficulté à la place du Sr de Villam por 28 # done 4 # one été don
apitaine pour son agrément.   Benoist Sr de Soigny de paris a été reçu
Juillet 1686 le cy du d'mois les   Benoist Sr de Ruisseux par la demission por 12 # done 15
a la place d'o d'estime du Moulin des Ruisseux par la demission por 12 # done 15
donné M M # le cap m p r son agrément.
n Mars 1688. M   Le Estier Sr Marquey de Courtin Vaux a été agré
pour la survivance de la charge de Mr de Villader Son Cousin de cap m c m 25 C
de Mr de Villader Son Cousin de cap m c m es t
y a servy quelque jours, a continué par intervalle ch la saison de Mr de Villader
du mois d'an 88.   de pruysme originaire françois naj à paris a été reçu
Exempt y que possédoit le Sr michl fit sous donné a entendre qu'il étoit
uposition faite par l'entremise du Sr Benjamin fit moyennant 6 # à sv
Nov. 1691 .   Glasson fils d'antoine lun des cincq huissiers de la cha
été reçu Exempt à la place du feu Sr f Alexander de Clysson, moyennant 8 a
d'mois d'angi les Sr Cabel frejbourger a été reçu fournir y de quattre de Juillet
d'Glasson fils moyennant.